本著作是吉林大学基本科研业务费哲学社会科学研究种子基金项目"欧美收缩城市精明发展的创新实践与比较研究（2016ZZ035）"与"城市精明发展的理论创新与规划实践研究（2016BS001）"的最终成果。

东北亚研究丛书

国际城市收缩问题研究

A Study of Shrinking Cities Worldwide

徐 博／著

社会科学文献出版社
SOCIAL SCIENCES ACADEMIC PRESS (CHINA)

摘　要

　　繁荣与衰退交替是城市发展的普遍规律。无论是过去、现在还是未来，战争、疾病和自然灾害一直威胁着城市的发展，成为城市衰退甚至走向灭亡的客观因素。直到最近的100多年，城市衰退的形成机制才趋于复杂化。尽管全球化带来的冲击对每一个收缩城市来说具有普遍的共性特征，但导致城市衰退的原因仍然是复杂多样的。虽然全球化也是城市衰退的重要因素，但是经济转型并没有以相同的方式影响所有国家和城市，相反，城市衰退会因国家、区域和地方环境的差异表现出非常不同的特征。城市在社会发展中扮演重要的角色，它们是社会与文化变革的结晶与发动机。当今世界，城市发展中存在的两种对立趋势已变得格外明显：一方面是呈指数增长的亚洲和南美城市；另一方面则是以人数减少为特征的"收缩城市"。两者预示了自工业革命以来较为重要的城市变革形式。

　　本书在对城市收缩相关理论、概念界定等内容的一般性分析基础上，首先，从国际层面试探性地分析城市收缩问题的由来并设想城市衰退或收缩的几个核心驱动力。其次，从区域层面细致翔实地分析莱比锡和利物浦城市从增长到收缩的发展演变过程，包括对收缩的原因、影响及政府应对等方面的深入研究。再次，通过对莱比锡和利物浦城市收缩的比较研究，一方面验证假想的城市收缩驱动机制的真实性，证明城市收缩问题具有复杂多元化特征；另一方面回答莱比锡和利物浦城市再增长的原因并预测城市的发展趋势。最后，重新回到国际层面，分析总结了城市收缩的一般规律，对中国的城市收缩问题进行初步研究并得出几点启示。

在中国的城市化建设经历了快速发展之后，对城市收缩的研究将为学者、专家和政府规划部门提供一个崭新的观察视角。目前中国的城市发展方式是建立在增长模式基础上的顶层设计，这与德国等欧美国家收缩城市早期的发展主导范式一致。本书通过对微观层面的城市案例进行研究以及对宏观层面的城市收缩成因、影响、政策等方面进行细致观察与比较，认为去工业化、全球化、郊区化等最终将成为全球城市收缩形成机制的一般规律。中国总体上不存在城市收缩问题，但是不同城市区域表现出典型的收缩现象。政府应以前瞻性视角看到繁荣与衰退交替是城市发展的客观规律，因势利导，从正反两个方面看待去工业化路径，以强有力的经济政策和鲜活机制加强对中小城镇的规划发展与金融支持，最大限度地减少城市边缘的无序发展与蔓延将成为中国城市建设与科学发展的现实选择。

关键词：城市收缩；人口流失；城市规划

Abstract

It is the common principle that the city experiences booming and recession. No matter it is which era, war, diseases and natural disaster has been always threatening the development of the city, which even exists as the objective factor leading to the recession or even death of the city. Until recent 100 years, the forming mechanism of city recession tended to be more complex. Despite the similarity of the attack to shrinking cities, the variety still exists in the reasons causing this problem. Meanwhile, although globalization is also the leading factor, the economic transform does not affect all countries and cities in the same way. In contrast, city recession may show differing features by nations, areas and local environment. Cities have been played a vital role in the social development, and they are the fruit and engine of social and cultural revolution. In today's world, there has seen obvious opposite trends for city development. One is that the dramatic increase in Asian and South America, while the other is the shrinking cities featuring the decrease in population. Both show the most essential revolution since industrial revolution. It is no doubt that booming and recession is the objective rule of any city historically.

This article bases on the general analysis on the theories and concepts of city shrinking. First, it analyzes the origin of shrinking problems and conceives the key motives of city booming or recession. Then from the perspective of regions, it analyzes the growing and shrinking history of Leipzig and Liverpool, including the reasons, influences and the countermeasures from the government. Further, by comparing the shrinking between Leipzig and Liverpool, the article tests the reality of these motives, and certifies the complexity of city shrinking. Meanwhile, the reasons of both cities' re-growth and the developing trend are showed. Finally, back to the worldwide, it also studies on the general laws of city shrinking, and gives some hints from the analysis.

After the rapid development of China's city construction, the study on city shrinking provides the experts and the government planning sectors with totally new perspective. Now, the city development of China builds on the top design under growth mode, which resembles the style of early days in western nations. Basing on the observation and comparison of the case studies and the reasons, impact and policies for city shrinking internationally, this article considers deindustrialization; globalization and suburbanization would finally become the common phenomenon. The government should realize the objective laws of city growth and recession from the advanced perspective, and then further figures out the industrializing path from both sides. Additionally, the economic policies and robust mechanism would strengthen the support to small city's planning and development. Thus, to reduce the disordered development of urban fringe would be the realistic choice for China's city construction and scientific development.

Keywords: City Shrinking; Population Turnover; City Planning

目　录

CONTENTS

第一章　导论

第一节　选题背景和意义

一　选题背景

繁荣与衰退交替是城市发展的普遍规律。无论是过去、现在还是未来，战争、疾病和自然灾害一直威胁着城市的发展，成为城市衰退甚至走向灭亡的客观因素。直到最近的 100 多年，城市衰退的形成机制才趋于复杂化。尽管全球化带来的冲击对每一个收缩城市来说具有普遍的共性特征，但导致城市衰退的原因仍然是复杂多样的。① 虽然全球化也是城市衰退的重要因素，但是经济转型并没有以相同方式影响所有国家和城市，相反，城市衰退会因国家、区域和地方环境的差异表现出非常不同的特征。② 城市在社会发展中扮演重要的角色，它们是社会与文化变革的结晶与发动机。当今世界，城市发展中存在的两种对立趋势已变得格外明显：一方面是呈指数增长的亚洲和南美城市；另一方面则是以人数减少为特征的"收缩城市"。两者预示了自工业革命以来较为重要的城市变革形式。③

---

① Pallagst, K., "Das Ende der Wachstumsmaschine," *Berliner Debatte Initial* 18 （1）, 2007, pp. 4 – 13.

② Cunningham-Sabot, E., Sylvie Fol, S., "Schrumpfende Städte in Westeuropa: Fallstu-dien aus Frankreich und Grossbritannien," *Berliner Debatte Initial* 18 （1）, 2007, pp. 22 – 35.

③ 〔德〕菲利普·奥斯瓦尔特：《收缩的城市》，胡恒等译，同济大学出版社，2012，第 5 页。

（一）多重变迁：单边增长导向的城市发展模式终结

自 200 多年前的工业革命以来，人类已经目睹了工业化国家城市人口的稳定增长和经济的长期繁荣，增长模式与增长思维从未受到任何挑战与质疑。然而，近几十年来，城市发展模式却表现出人口结构变迁、去工业化、产业结构调整、郊区化和后社会主义国家转型等特征。人口减少现象及随之而来的城市收缩已经成为几乎所有发达国家甚至发展中国家城市面临的新问题。

多重变迁一：人口结构。在 20 世纪 90 年代，全球 1/4 以上的大都市区经历了以人口减少为特征的城市收缩，并且这个比例必将伴随城市化进程的深入推进而持续提高。① 根据世界人口增长规划预测，全球人口将在 2070 年减少，然而在欧洲的大部分地区这个过程已经开始。② 人口因素不再是支持日本经济增长的有利条件，其负面效应渐趋明显，劳动年龄人口减少必将成为长期困扰日本经济增长的重要结构性因素。③ 这绝不是日本独有的发展境况，虽然城市化的人口聚集效应显著地推动了区域经济的发展，但是全球范围出生率下降带来的人口净减少以及随之而来的人口老龄化趋势注定了人口持续流出地区的落后与衰退。

多重变迁二：去工业化。④ 20 世纪 80 年代，传统工业化国家面临来自新兴工业化国家的竞争并且开始了痛苦的去工业化过程。大城市土地租金增加、工资水平提高以及技术发展等因素使那些以资源为基础的传统老工业地区面临制造业竞争力严重下降和人口流失。欧盟城市审计调查发现，超

---

① Oswalt, P., Rieniets, T., *Atlas of Shrinking Cities* (Ostfildern: Hatje Cantz, 2006), p. 29.

② Lutz, W., Sanderson, W., Scherbov, S., "The Coming Acceleration of Global Population Ageing," *Nature* 451, 2008, pp. 716 – 719.

③ 王晓峰等：《老龄化加速期人口因素对日本经济增长的影响——以人口经济的双重拐点为视角》，《现代日本经济》2014 年第 5 期。

④ 去工业化现象最早出现于美国，其制造业劳动者占总劳动者的比例，从 1965 年的最高值 28% 下降至 1994 年的 16%。在日本，其制造业就业比重的最高值是 27%（出现在 1973 年，比美国晚 8 年），而到 1994 年则下降到 23%。在欧盟 15 个国家中，制造业就业比例的最高值是 30%（出现在 1970 年），到 1994 年则迅速下降到 20%。与此同时，发达国家服务业就业人数的比重均在上升。美国服务业就业人数占劳动者总数的比重，从 1960 年的 56% 上升至 1994 年的 73%。从 1960 年开始，其他发达国家均出现类似现象。

过 220 个大中型欧洲城市（57% 的城市和 54% 的大都市区）在 1996 年至 2001 年人口持续减少。[①] 人口减少以及随之而来的经济衰退成为德国等欧洲国家城市收缩的核心因素，去工业化导致了部分城市地区涌现大量失业人口，经济结构调整不但没有改善这些城市地区的发展环境，反而加剧了这一趋势。

多重变迁三：产业转型。全球经济一体化和服务业导向的城市经济转型对以矿业、纺织、钢铁和造船业为主导产业的单一化资源型城市的发展提出了严峻的挑战。虽然高度资本化的挖掘有效地推动了城市的发展，但是全球化、国际竞争、私有化和一系列自由贸易协议等因素增加了跨国公司的权力和资本，政府在区域政策方面严重缺乏对社会保护的关注，资源型城市居民的生活环境日趋恶化。从 20 世纪 70 年代开始，对以美加为代表的美洲区、以德法为典型的欧洲区以及以日本为代表的亚洲区来说，其资源型城市工人的数量就表现为连续数十年下降或停滞，并且全球化加速了这一进程。此外，先进的运输和通信技术使国际国内的资本集中和垄断力量不断强化，长远来看，这种商业所有权结构的转移势必破坏矿业城镇社区结构和地区商业秩序。所以，众多单一化资源型城市发展模式的后果往往表现为持续性失业、商业破产、贫穷，最终将导致人口流失而形成收缩地区。

多重变迁四：郊区化。[②] 郊区化进程和城市边缘的无序发展构成了城市结构的一种转型：人们放弃在市中心居住而选择了郊区。郊区化并不意味

---

① 数据来自欧盟城市审计（European Union Urban Audit），http：//www. urbanaudit. org。

② 郊区化亦称郊区城市化，指当代特大城市因人口和各种职能迅速向郊区扩散转移，从而使郊区变为具有市区多种职能的城市化地域的过程。其根本原因是急速膨胀的城市人口超过市区地域的负荷容量，致使城市内部土地紧张、交通拥挤、居住和环境条件恶化；而郊区空间开阔，高速公路、地下铁道等现代化交通工具和设施为移居提供了方便，故郊区化以人口和住宅为先行，后为商业、办事机构。工业企业，特别是大型企业或因地价，或因环境、交通运输、劳动力供应、专业化和协作配套生产等需求，或为扩大再生产，相继趋向于条件更好的郊区，在此基础上逐步实现多种职能的郊区化。在这一过程中，随着人口和产业从市区移向郊区，特大城市地域结构由集中趋向分散。但郊区各种条件的改善不仅会吸引外国或其他地区迁入人口和工业企业，也会造成整个城市范围的扩大和人口、产业、资本的更大集中，以及城市、郊区结构失调。如在郊区化快速发展的西欧和北美一些国家，出现市中心衰落和停滞；而在郊区化发展相对缓慢的国家（如苏联及东欧其他国家和中国）则出现市中心与郊区平行发展布局。

着所有居民的流失，而是人们从城市中心搬到了城市外围。这意味着收缩嵌套在一个更大的增长过程中。城市结构转型导致一些地区开始收缩，越来越多的巨型城市群的集中与增加的郊区相结合。城市集群带来的极化作用将榨取其他城市发展所必需的投资和资源，进而导致资源流出城市，城市财政基础作用逐渐减弱，这也是一些中小城镇功能丧失并逐渐衰退的主要原因。

总之，众多城市收缩的定量研究和案例研究证实：城市收缩既不是城市发展的边缘化模式，也不是通常意义上对城市增长路径的短期背离。①②③④城市收缩更不是城市增长的简单逆转和单向发展，城市收缩嵌套在一个更大的增长与扩张的过程中。这不仅仅是指城市作为一个整体范围仍在扩大，同时收缩城市往往还正坐落于那些快速成长的城市群之中。城市收缩标志着一个重要的转变：200 多年以来一味增长的工业化发展模式终结了，代之以城市收缩和城市增长的均衡发展模式。⑤ 尽管增长的思维仍然在现代社会占据主导地位，但是城市收缩终将成为同城市增长一样的常规化过程。

（二）中国选择：新型城镇化发展的现实挑战

中国当前的城镇化发展方式是建立在增长模式基础上的顶层设计，这与德国等欧美国家收缩城市早期的发展主导范式一致。不同地区支撑城市发展的要素条件正在发生深刻变化，区域经济发展不平衡、不协调、不公

---

① Constantinescu, I. P., "Shrinking Cities in Romania: Former Mining Cities in Valea Jiului," *Built Environment* 38 (2), 2012, pp. 214 – 228.

② Haase, A., Herfert, G., Kabisch, S., Steinführer, A., "Reurbanizing Leipzig, Germany: Context Conditions and Residential Actors 2000 – 2007," *European Planning Studies* 20 (7), 2012, pp. 1173 – 1196.

③ McGuinness, D., Greenhalgh, P., Davidson, G., Robinson, F., Braidford, P., "Swimming against the Tide: A Study of a Neighbourhood Trying to Rediscover Its 'Reason for Being' – the Case of South Bank, Redcar and Cleveland," *Local Economy* 27 (3), 2012, pp. 251 – 264.

④ Rink, D., Haase, A., Grossmann, K., Couch, C., Cocks, M., "From Long-Term Shrinkage to Re-Growth? The Urban Development Trajectories of Liverpool and Leipzig," *Built Environment* 38 (2), 2012, pp. 162 – 178.

⑤ Oswalt, P., Rieniets, T., *Atlas of Shrinking Cities* (Ostfildern: Hatje Cantz, 2006), p. 35.

平、不可持续等深层次矛盾凸显。同时，产业结构升级、改造滞后以及可再生资源与废弃物利用程度较低是制约城市经济与能源环境协调发展的关键因素。[①] 中国人口老龄化、产能过剩、房地产供给过剩、"炒楼"等潜在因素将导致城市收缩问题[②③④⑤]，尤其是在《国家新型城镇化规划（2014—2020 年）》（以下简称《规划》）出台以及中国户籍制度改革加速推进的背景下，中国未来人口结构和人口流动必将发生重大而深刻的变革。明者远见于未萌，而智者避危于无形。2013 年中央经济工作会议中"乡愁"思维鲜明地反映出党中央对中国人口迁移潮强势发展的深度隐忧。由此推论，强化中小城镇的稳健发展以及防止城市边缘的无序蔓延是新型城镇化发展在哲学思维上的一种"精明收缩"。

《规划》强调，我国已进入全面建成小康社会的决胜阶段，正处于经济转型升级、加快推进社会主义现代化的重要时期，也处于城镇化深入发展的关键时期，因此，必须妥善应对城镇化发展面临的风险与挑战。挑战一：工业化的深入发展促使城市地位差距进一步扩大，地区间经济社会发展不平衡、不公平等问题终将导致城市收缩。挑战二：全球化增强了不同国家在世界政治经济版图上对资源、财富、人才的争夺，扩大了国家或城市的贫富差距，这本身也成为中国不同区域经济社会发展不平衡的一个原因。挑战三：资源型城市发展中出现的产业结构单一、生态环境受到破坏、人口外流等问题将使城市收缩成为必然。挑战四：城市无序蔓延势必引发政府城市规划与农民切身利益之间的强烈博弈，农村地区或将面临强

① 王宪恩等：《日本工业化进程中经济社会与能源环境协调发展演进趋势分析》，《现代日本经济》2014 年第 6 期。

② Audirac, I., "Urban Shrinkage Amid Fast Metropolitan Growth," in Pallags T. K., ed., *Center for Global Metropolitan Studies* (New York: Berkeley College Press, 2009).

③ Martinez-Fernandez, C., Audirac, I., Fol, S., Cunningham-Sabot, E., "Shrinking Cities: Urban Challenges of Globalization," *International Journal of Urban and Regional Research* 36 (2), 2012, pp. 213 – 225.

④ Oswalt, P., Rieniets, T., *Atlas of Shrinking Cities* (Ostfildern: Hatje Cantz, 2006), p. 41.

⑤ Wiechmann, T., Pallagst, K., "Urban Shrinkage in Germany and the USA: A Comparison of Transformation Patterns and Local Strategies," *International Journal of Urban and Regional Research* 36 (2), 2012, pp. 261 – 280.

烈收缩。

二 选题意义

城市收缩现象往往隐藏在城市大规模扩张当中而极其容易令人们有意或无意地忽视。无意的忽视存在于人们对事物认知摸索的过程,这并不可怕,可怕的是当城市规划者和政策制定者发觉城市收缩后而给予的漠不关心和否认。无论如何,城市收缩都不能被视为政治经济的禁忌话题,也不能被主流发展趋势所忽视。城市收缩不仅仅表现为某些城市地区人口的减少以及经济生产活动的日渐衰退,城市收缩也不再是一个高调的问题。

(一)理论意义

城市收缩是全球化的产物,在过去的几十年里,其效应已经由产业转移和大都市区化凸显出来,经济结构调整已经使一部分城市地区因经济活动聚集成为赢家,而其他地区伴随着竞争力的消失正在不断走向衰退。

首先,本书拟构建一个开放性、可比较且能够解释可持续发展背景下城市收缩问题的理论框架,并将其作为城市发展理论的有益补充。本书不但从宏观层面对不同国家城市收缩模式及其具体表现形式进行分析,更为重要的是还以莱比锡和利物浦两座欧洲典型收缩城市为例进行细致深入的案例剖析,从而有利于厘清一个事物从现象到规律再到制度化的发展过程。正如马里奥·波利斯(2011)所言,不同地区由于不同的原因发展起来或衰落下去[①],因此,国际城市收缩过程复杂多样的现实特性也注定了对其形成机制的分析应当采用多方位的观察视角。尽管在理论上可将城市收缩区按照不同区域划分为欧洲收缩区、美洲收缩区和东亚收缩区,来应对城市

---

① 笔者将思考点聚焦在国家内部,探讨了国内有的地方富、有的地方穷的根源。以全球城市为调查对象,遍及伦敦、开普敦、纽约及北京,阐释影响区域繁荣和衰落的主要因素。首先指出了规模及地理位置的重要性,认为在一个旅行和电子通信让人们连接得更加紧密的所谓零距离世界中,地理位置将比以前更加重要;以欧洲、美洲国家的经济发展为案例,探讨了推动经济繁荣地带形成的原因;以发展中国家和不发达国家为案例分析了国家整体经济增长与地区经济滞后的不对称关系;最后以绿色移民、银色移民的兴起将导致国家内部的财富转移为假设预测了哪些城市会繁荣、哪些城市可能衰落。参见〔加拿大〕马里奥·波利斯《富城市,穷城市:城市繁荣与衰落的秘密》,方菁译,新华出版社,2011,第5页。

收缩过程复杂多样的现实特性，但是基于研究写作的周期限制等因素，笔者将研究的范围选定在欧洲区域，通过研究相应区域典型城市从增长到收缩甚至再增长的全过程，重点分析、比较城市收缩的内在机制、现实影响和政策实践，总结城市收缩形成机制的一般性规律及差异性特质，构建一个开放性、可比较且能够解释可持续发展背景下城市收缩交互影响机制的理论框架。将去工业化、人口迁移、贫富分化、人口老龄化、城乡结构、资源型城市、老工业基地等诸多因素纳入城市收缩研究框架中来，并将得出的相关结论作为城市发展理论的有益补充。

其次，细致分析、比较城市收缩形成机制的交互作用，科学归纳城市收缩形成机制的一般规律，追踪研究不同地区城市收缩的演变过程。城市系统是一个包含社会、经济、政策、资源、文化、环境等多方面的复杂系统，从多维层面定位各个子系统在城市收缩形成机制中扮演的角色以及各子系统之间的耦合机理将有助于证明一般规律的科学性。本书从时间与空间维度将城市收缩的演变路径划分为不同阶段，不仅探讨城市内部条件对城市收缩的影响机制，而且探讨城市外部条件对城市收缩的影响机制，从人口、经济、城市等方面科学综合分析城市收缩形成机制的多维层面，以追踪研究不同地区城市收缩的演变过程。

最后，本书通过对德国莱比锡和英国利物浦城市收缩问题政府反映的分析与比较，探寻经济结构调整、人口结构变迁以及财政政策的交互效应来识别城市发展的政策盲点，试图修补已有城市收缩文献在分析政府对策时表现出的单一性和片断化特征。同时，科学协调政府规划的刚性和市场灵活性要求之间的矛盾，让市场决定城市规模，由城市规划准备发展所需的基础设施，务必明确市场与规划的分工界限。①

（二）现实意义

德国、英国等工业化国家在 20 世纪的最后 30 年里都经历了不同程度的城市收缩过程，对城市收缩的研究将为学者、专家和政府规划部门提供一

① 丁成日：《城市空间规划——理论、方法与实践》，高等教育出版社，2007，第 145 页。

个崭新的观察视角。本书通过系统梳理莱比锡和利物浦两座城市从繁荣到收缩到再增长的历史演变过程以及对政府城市政策实施与现实效果的对比分析和总结，期望为中国的新型城镇化建设提供一定的经验借鉴。

中国在经历了几十年的跨越式工业化与快速城市化发展后是否也将面临城市收缩问题，还是正在经历收缩？隐藏在城市收缩背后的内在规律是什么？这一现象产生的根本原因、它的形成过程和影响以及不同国家采取的对策是什么？对这些问题的回答无疑对中国未来城市化发展道路具有不可估量的现实意义和深远的历史意义。

伴随《国家新型城镇化规划（2014—2020年）》的出台以及中国户籍制度改革的加速推进，中国未来人口结构和人口流动必将发生重大而深刻的变革。对城市收缩问题的研究可以反视中国新型城镇化发展道路上潜在的城市收缩问题，尤其为中国的资源型城市、东北老工业基地、城乡二元结构、人口老龄化、社会经济转型等历史与现实的难题提供创新性的政策思路，从而便于中国政府以强有力的经济政策和鲜活的策略机制，未雨绸缪，科学合理地应对中国城镇化发展过程中的城市收缩问题。

第二节　研究思路和方法

一　研究思路

本书在对城市收缩相关理论、概念界定等内容的一般性分析基础上，首先，从国际层面试探性地分析城市收缩问题的由来并设想城市衰退或收缩的几个核心驱动力。其次，从区域层面细致翔实地分析莱比锡和利物浦城市从增长到收缩的发展演变过程，包括对收缩的原因、影响及政府应对等方面的深入研究。再次，通过对莱比锡和利物浦城市收缩的比较研究，一方面验证假想的城市收缩驱动机制的真实性，证明城市收缩问题具有复杂多元化特征；另一方面回答莱比锡和利物浦城市再增长的原因并预测城市的发展趋势。最后，重新回到国际层面，分析总结城市收缩的一般规律并对中国的城市收缩问题进行初步研究且得出几点启示。

二　研究方法

不同的研究方法适应不同的研究问题。为了完成研究，本书针对不同的研究阶段，主要采用了案例研究法、比较研究法、政策规划与评估法、地图分析法等。

1. 案例研究法

案例研究法又称非接触性研究方法，是通过收集带有指向性的文献与资料，对典型的个体或群体案例进行追踪、剖析与研究，科学提取信息，发现事物真实情况与内在联系，为得出一般性研究结论提供依据的研究方法。本书运用案例研究法，选取典型的收缩区域和城市，通过收集、分类、列表、归纳等具体分析过程，探索不同区域和城市收缩的表现形式、形成原因及发展趋势。

2. 比较研究法

比较研究法就是通过事物的属性数量、时空差异、目标指向等类别的系统识别、判断、总结，探索事物发展演化的一般规律与特殊规律的研究方法。城市收缩会因国家、区域和地方环境的差异表现出非常不同的特征，所以对于不同国家城市收缩模式的比较分析有利于厘清一个事物从现象到规律再到制度化的发展过程。

3. 政策规划与评估法

政策规划与评估法从主观性、一致性、充要性以及依赖性四个方面试图识别和处理政策制定中的"主观性"问题，其核心就是价值和政策的交互关系及系统性分析的作用。该方法有利于本书对收缩城市政策制定者的规划目标、规划效果、规划成本等问题进行持续深入探讨。

4. 地图分析法

地理学的研究优势在于区域差异性与相似性的地图显示。不同国家或区域层面的异质性与共同性分析是本书的一个重要内容，地图分析法不但可以直观地显示城市收缩问题研究的部分结论，而且还有利于探究城市收缩地理分异与相通的一般规律。

此外，本书还运用了历史唯物主义与辩证唯物主义方法论，文献研究、描述研究、实证研究等多种研究方法，相信多层面、宽领域的研究方法必将为城市收缩问题的深入研究提供一个独特、新颖、创新的诠释。

第三节 研究内容与路线

一 研究内容

按照总分总的常规行文顺序，全书共分八章。

第一章为导论。主要阐述城市收缩问题的选题背景、研究意义，并通过对本书的理论基础和现实依据的系统梳理和分析，为后续研究的展开做好准备工作。同时还包括研究思路、研究路线以及创新之处等内容。

第二章为城市收缩问题的理论探析。分别从城市收缩问题研究的基础理论以及相关理论两个维度进行关联性分析，以提出传统增长理论的研究局限。

第三章为城市收缩问题研究的现实依据和历史逻辑假设。主要包括城市收缩概念的界定、城市增长理论的局限评析以及从全球层面对城市收缩形成机制进行了逻辑猜想等内容。

第四章为德国莱比锡城市收缩问题研究。从本章开始，本书从区域或微观层面对城市收缩形成机制的逻辑假设进行验证，主要包括莱比锡城市收缩的原因、影响及城市收缩政府治理等方面内容。

第五章为英国利物浦城市收缩问题研究。本章为第四章的逻辑延续，对欧洲的另外一个国家的典型收缩城市进行分析，依然遵循城市收缩的原因、影响和政府城市政策的逻辑分析思路。

第六章为从收缩到再增长：莱比锡与利物浦城市发展的比较研究。本章以第四章和第五章的详细阐述为基础，对两座城市从增长到收缩，从收缩到再增长的发展演变过程进行了系统的比较研究，也是对城市收缩形成机制逻辑假设验证的深化。比较研究主要包括收缩的原因、城市再增长的原因以及未来的发展趋势等方面内容。

第七章为城市收缩形成机制的一般规律及对中国的启示。本章再次回到全球层面，对欧美亚国家典型城市收缩表现形式进行了综合分析与比较，进而得出城市收缩形成机制的一般性规律，并对中国城市收缩问题进行了初步的研究与探讨，为中国新型城镇化建设提供了几点政策建议与启示。

第八章为主要结论与研究展望。本章为整个研究过程凝练核心观点，并提出后续研究开展的思路和方向。

二 研究路线

研究路线如图 1.1 所示。

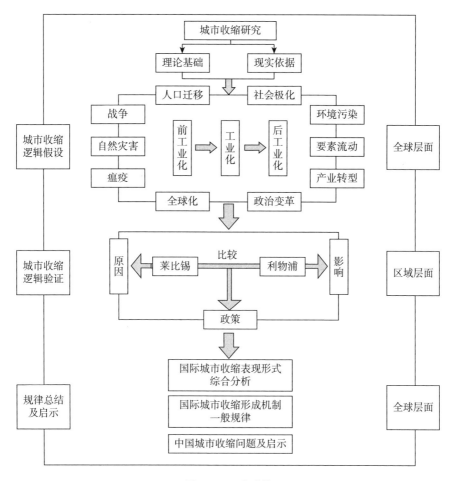

图 1.1　研究路线

第四节 研究创新与不足

一 创新之处

本书的创新点主要体现在以下四个方面。

创新点一，本书率先引入了城市收缩的概念，并对其进行梳理、比较与界定，尽管国内研究使用了城市衰退等相似术语，但是这些研究普遍针对资源型城市转型等问题展开，而本书研究的城市收缩不仅包括狭义角度的人口流失概念，还涵盖经济发展、城市空间、社会演变、规划思维、生态文明等更为广泛意义上的延伸、思考、比较与总结。

创新点二，本书构建了一个开放性、可比较且能够解释可持续发展背景下城市收缩问题的理论与实践研究框架，不仅对城市发展理论进行了有益补充，还为城市发展的政策实施提供了经验比照。本书按照总分总的逻辑分析思路，首先，从宏观层面对不同国家城市收缩模式及其具体的表现形式进行分析，提出了城市收缩形成机制的一般假设。其次，通过对莱比锡和利物浦两座欧洲典型收缩城市的细致深入的剖析，对一般假设进行历史与现实的逻辑验证。最后，再次回到宏观层面，对城市收缩形成机制的一般规律进行总结。这种宏观—微观—宏观的分析思路有利于厘清一个事物从现象到规律再到制度化的发展过程，并且这种假设、验证与总结的逻辑分析过程在理论研究中并不多见。

创新点三，本书运用城市收缩形成机制的一般规律对中国的城市收缩问题进行了初步分析，站在城市收缩的角度，重新审视产能过剩、老龄人口、房地产泡沫、城乡差距等历史与现实的中国城市发展问题，以此作为国际城市收缩研究体系的有益补充，并得到若干点启示，这在国际研究文献中鲜有涉及。

创新点四，对城市收缩的研究将为学者、专家和政府规划部门提供一个崭新的观察视角，毕竟中国当前的城市发展方式是建立在增长模式基础上的顶层设计，这恰恰与德国等欧美国家收缩城市早期的发展主导范式一致。本书在系统分析与综合比较国际城市收缩问题的基础上，提出适应性的城市规划战略，这是对一味地以增长思维为导向的城市经济发展模式的反思，这更是中国新型城镇化建设可持续发展的建言。

二 不足之处

不足之一，城市收缩的研究资料均来自国外各大权威期刊的数据库，显然，以二手资料为基础而开展科学研究可能会导致某些关于现实的描述缺乏时效性，甚至部分研究观点表现出一定的片面性。

不足之二，无论是宏观层面分析还是个案城市比较，本书只针对典型的收缩区域或城市进行分析、比较和总结，这本身当然会受到数据文献等资料丰歉程度的影响，但面面俱到、触及欧美亚所有国家和城市显然是本书难以企及的山峰，即便如此，这也正是本书的最大挑战所在。

不足之三，基于莱比锡和利物浦两座城市来研究城市收缩问题是否能够反映城市收缩问题的全貌尚需在今后的研究中不断深入思考与及时修正。因为从国家性质、收缩成因、经济发达程度、人口数量以及本书采用的地理区域等层面来构建城市收缩问题的研究模式均各有利弊。

第二章 城市收缩问题的理论探析

第一节 城市收缩问题研究的基础理论

一 区位论的理论综述

从理论发展阶段来看，区位论先后经历了新古典区位理论阶段、行为区位选择理论阶段、结构主义区位理论阶段、以柔性生产方式为核心的区位理论阶段和现代区位理论阶段。①

（一）新古典区位理论

新古典区位理论是指以新古典经济理论的假定为主的区位理论，如完全竞争市场结构、收益递减、完全理性、利润最大化等理论假定，新古典区位理论主要包括农业区位论、工业区位论、中心地理论、市场区位论等。

早期的区位论关注运输成本对区位决策的影响，德国经济学家杜能最早注意到区位对运输费用的影响，在《孤立国对于农业和国民经济之关系》（1826）一书中，杜能指出距离城市远近的地租差异是决定区域农业土地利用方式与农作物布局的关键因素，并提出了以城市为中心呈六个同心圆状分布的农业地带理论，即著名的"杜能环"。德国经济学家韦伯继承了杜能的思想，在20世纪初叶发表了两部名著《论工业区位》（1909）和《工业

---

① 方远平、闫小培：《服务业区位论：概念、理论及研究框架》，《人文地理》2008年第5期。

区位理论》（1914）。他认为运输费用对工业区位起着决定作用，理想的工业区位应是运距最近和运量最低的位置。除了考虑运费因素以外，还增加了劳动力成本因素与集聚因素，正是这两个因素影响了原有的根据运输费用所选择的区位决策。此后的区位理论将研究重心转向"区位相互依赖"，德国地理学家克里斯泰勒的中心地理论最具代表性，在《德国南部的中心地》（1933）一书中，他将区位理论扩展到聚落分布和市场研究领域，认为物质财富生产和流通的最有效的空间结构是一个以城市为中心并由相应的多级市场区组成的正六边形的中心地网络体系。德国经济学家廖什在1940年出版的《经济空间秩序》一书中，将最大化利润原则应用于工业区位研究，他对已有的在某些假设条件下取得的结论，用多种现实因素校正，从而提出动态模式，并以垄断假设代替韦伯的自由竞争假设，以最大化利润原则代替最低成本原则，从一般均衡角度考察工业区位问题，从而建立了以市场为中心的工业区位理论与作为市场体系的经济景观论。1935年，俄林提出了一个初步的理论，把产业间贸易与区域间贸易的概念扩展至区位问题领域，采用了修正后的杜能孤立国模型，并用中心资源取代了中心市场，且对资源周围将要产生的区位问题以及不同产业的集聚与扩散做了预测。艾萨德于1960年出版了《区域分析方法》一书，主张根据区域经济与社会综合发展要求，将研究重点由部门区位决策转向区域综合分析，并建立区域的总体空间模型，研究了区域总体均衡以及各种要素对区域总体均衡的影响，从而把古典区位论动态化和综合化。

（二）行为区位选择理论

新古典区位理论的理性经济人和完全信息假定在20世纪60年代受到很多批评，行为区位选择理论则认为区位选择是在非完全竞争和非完全信息条件下，由区位选择主体做出的。人们在进行决策时要考虑经济效益，也要考虑其他因素，如家庭、情感、名誉以及社会地位等，信息的不完善使决策者在很多情况下无法找到收益最大化的方案，因而实际决策方案不是最佳，而只是令人满意的方案，行为论学者把在经济活动中具有该行为特征的人称为"满意人"。对于"经济人"来说，合理的区位是一个点，而对于"满意人"来说，合理的区位是一个区间，他用空间成本曲线与空间收益曲线给出了"满意人"的决策空间，在收益曲线高于成本曲线的区间内，企业会实现盈利，这是合理的区位选择范围，在此范围内具体选择区位时可以考虑经济因素之外的其他因素。企业家的经营能力和政府的政策会影响到盈利空间。人的决策能力和可获得的决策信息是影响决策的重要方面，他用行为矩阵分析这两个因素对区位决策的影响，能力越强，信息越多，区位就越可能是最佳区位，反之区位决策可能落在盈利区间之外。虽然行为区位选择理论正确认识到新古典区位理论的问题及限度，但是它的理论性和分析性存在较大的局限性，较侧重于描述。

（三）结构主义区位理论

行为区位选择理论较侧重于企业的区位行为，很难解释宏观经济结构与空间现象两者之间的关系。而以结构主义为主的区位理论认为，区位是经济结构的产物。20 世纪 70 年代结构主义区位理论开始重视社会因素、结构因素或体系因素在区位选择与区位结构中的作用，将马克思主义政治经济学的某些基本概念，如劳动、资本、生产方式、劳动力与资本的矛盾、剩余价值、资本积累、阶级关系、社会结构等作为影响区位决策的基本要素。个人、公司、组织的空间行为和区位选择，被放置在特定的社会、政治和经济背景和结构中来考察，即区域的政治经济关系和社会结构提供了一个基本的分析框架，而决策主体的空间行为和区位决策以及由此产生的经济空间结构是由特定的生产方式、权力结构、劳资关系、生产关系以及资源和财富的分配方式决定的。结构主义区位理论的研究框架采用宏观及整体角度，更加完善了区位理论的框架。

（四）以柔性生产方式为核心的区位理论

20 世纪 80 年代西方发达国家生产技术以及生产方式等产业活动的全面变化引起产业组织、产业结构、企业组织关系的巨大变化，对产业的空间分布以及企业的区位选择造成深远的影响。以柔性生产方式为核心的区位理论指出，生产方式的变化影响了区位选择。以柔性生产方式为核心的区位理论认为，随着传统生产方式向柔性生产方式转变，企业的区位选择决策将发生变化。在柔性生产方式下，企业的外部联系不断增加，外部交易程度不断提高，为了降低生产成本以及减少不确定性和经营风险，需要重视小规模企业之间的合作。

"新产业空间理论"是该阶段的代表思想，"新产业空间"是指，在新技术革命的时代背景下，世界范围内许多产业的发展已经或正在从"福特制"向"后福特制"进行转变，柔性专业化中小企业不断出现。① 柔性生产的灵活性要求细化劳动分工，产生了许多专业化部门和机构，使生产结构配置日趋合理，从而实现了内部经济，形成了以柔性专业化为特征的大量中小企业的集聚群体，彼此之间通过分工与协作结成稠密的区域网络组织，以共同面对瞬息万变的外部市场环境和技术条件。

20 世纪 70 年代以来，新产业区现象及其相关理论的出现，对新产业区的研究起源于对美国硅谷、波士顿 128 号公路以及意大利东北部等地区经济增长的考察研究。当时，发达国家的绝大部分地区陷入了经济衰退与停滞之中，然而意大利东北部、美国的硅谷等少数几个地区却没有受到影响，经济发展出现了与大势相左的态势。学者们通过研究发现，这些地区的企业以中小规模企业为主，它们之间既竞争又合作；企业之间基于互相信任，形成了稳定的网络联系；具体的合作形式不仅有战略联盟、合同契约及投入产出联系，还包括非正式的沟通、联系以及面对面的谈话。新产业区学派将"新产业区"界定为，基于一定的地方劳动力市场，由社会劳动分工紧密联系在一起的企业所组成的本地化网络。② 新产业区区位形成机制主要有：外部经济与根植性、柔性生产与网络性。

（五）现代区位理论

克鲁格曼（Krugman）等经济地理学家在规模经济和非完全竞争市场结构的假定下研究空间活动，提出了现代区位理论。现代区位理论重点对产业集聚现象进行解释，正是由于外部性的存在，先进入的企业会给后进入的企业创造基础设施、劳动力市场、中间产品与原材料供应渠道、专业知

---

① 张林、刘继生：《信息时代区位论发展的新趋势》，《经济地理》2006 年第 3 期。
② 郑春：《区位理论：回顾与前瞻》，《经济论坛》2006 年第 15 期。

识的扩散等正面的外部效益，使产业集聚地吸引更多的相关企业进入，由于数量可观的企业集聚在一起形成了特定的产业链条，产生了很大的规模经济，这种规模经济可以最大限度地降低成本、提高效率，并形成相关产业的核心竞争优势。现代区位理论另一个重要的代表人物是美国人波特（M. E. Boter），1990 年波特发表了《国家竞争优势》一文，此后波特在该文基础上进行补充后出版了《国家竞争优势》一书，该书引发了西方经济学界研究区位理论及产业集聚的热潮。波特认为，决定一个国家的某种产业竞争力的四个因素是：生产要素——包括人力资源、天然资源、知识资源、资本资源、基础设施；需求条件——主要是对本国市场的需求；相关产业和支持产业的表现——这些产业和相关上游产业是否有国际竞争力；企业的战略、结构、竞争对手的表现。以往的区位理论，大多局限在区位主体如何根据现有条件选择投资设厂的地点，而忽略了地区主体如何改善投资环境以与潜在对手开展积极的区位竞争，力争本地区成为集聚性投资行为的首选地点，以提高当地居民社会福利水平。现代区位理论还在延伸产业的支撑作用、自然资源、运输成本、跨国公司投资、社会文化及政策因素（如企业家精神、历史文化传统、体制架构、政府政策）对区位的影响方面取得了相当丰富的研究成果。

总之，在区位理论发展的不同时期，学者们对区位因子的关注有所不同，从新古典区位理论单独地关注运输成本、原材料和劳动力等因素，到行为区位选择理论关注企业主体的行为决策，到结构主义区位理论关注社会因素和结构因素，到以柔性生产方式为核心的区位理论关注网络经济、网络效应和企业文化与区域文化的协调性，直到以非完全竞争市场结构为主的现代区位理论打破完全竞争和收益递减的假设，将注意力集中到影响集聚产业的前向联系效应和后向联系效应、市场的作用、突变因素以及经济体系的自我组织。

二　区位研究的文献综述

（一）企业或产业区位选择研究

企业或产业在城市空间内部的配置，属于城市地理学和经济地理学共同研究的论题，也是产业发展微观机制的主要研究领域。国外的相关研究中，产品市场和供应商的接近程度、员工通勤距离、公共市政设施的质量及其可获得性等要素对企业区位决策具有显著作用；[1] 基于西班牙马德里1936～1998年240座运营的饭店的地理位置、价格、规模、服务类型等资料构建了饭店产品与地理空间区位选择模型。[2] 产业区位受多种自然优势影响。[3] 产业区位由熟练劳动力、科学家和产业前后向关联决定。[4] 国内的相关研究中，在京外资企业的城市内区位选择具有重要作用。[5] 1996年和2001年区位因子变化对北京制造业发展影响显著。[6] 区位条件与兰州工业企业建立紧密关联，但影响工业企业建立的主要区位要素是变化的，且区位要素同其他社会经济要素特别是与政策要素共同决定了兰州工业发展。结果发现，基础设施和政府干预程度是影响中国服务业FDI区位选择的关键因素。[7] 通过对服务业区位选择的基础理论分析，构建由经济区位因素、空间区位因素、信息区位因素和人文区位因素构成的服务业区位因素钻石模型。[8] 需要指出的是，由于目前区位研究往往是针对工业或制造业展开的，企业的区位决策和产业的区位决策在许多研究中并没有清晰的界限，由于企业和产品的空间分离，需要对两者的区位决策特征区别对待。

（二）产业发展的动力机制研究

产业区位研究是产业集聚过程和动力机制研究的基础。国内外学者对

[1]　Lee K. S. , *The Location of Jobs in a Developing Metropolis*：*Patterns of Growth in Bogota and Cali*, *Colombia*（New York：Oxford University Press, 1989）, p. 104.

[2]　Urtasun A. , Gutierrez I. , "Tourism Agglomeration and Its Impact on Social Welfare：An Empirical Approach to the Spanish Case," *Tourism Management* 27, 2006, pp. 901 – 912.

[3]　Ellison G. , Glaeser E. , "The Geographic Concentration of an Industry：Does Natural Advantage Explain Agglomeration," *American Economic Association Papers and Proceedings* 89, 1999, pp. 311 – 316.

[4]　Midelfart-Knarvik, Overman Henry G. , Venables Anthony J. , "The Location of European Industry," *European Economic* 142, 2001, pp. 156 – 166.

[5]　张华、贺灿飞：《区位通达性与在京外资企业的区位选择》，《地理研究》2007年第5期。

[6]　楚波、梁进社：《基于OPM模型的北京制造业区位因子的影响分析》，《地理研究》2007年第4期。

[7]　常跟应：《区位、制度与我国西部工业空间集聚机制研究——以兰州市为例》，《地域研究与开发》2007年第12期。

[8]　方远平、闫小培：《服务业区位论：概念、理论及研究框架》，《人文地理》2008年第5期。

产业发展微观机制的研究大部分集中于工业或制造业领域，很多研究对集聚过程及其动力机制进行了分析，对产业的发展形式、特征和趋势做出理论分析。

国外学者的相关研究根据对非洲几大产业集聚的研究得出结论，认为知识溢出和技术共享是非洲高技术产业发展的动力所在。[①] 剑桥高技术产业集群出现的集聚基础区位因素归功于剑桥园区良好的知识条件、充沛的人力资本，以及便利的港口条件。[②] 相关研究运用美国 103 个县的跨部门的投入产出数据，验证了以中间商品关联为集聚动力的模型，发现需求和支出关联效应只能解释 70% 的单位资本收入的区位变化和 50% 的工资的区位变化。[③]

国内学者的相关研究是把产业空间集聚度和投入产出分析结合起来，量化分析了中国制造业产业集聚的经济学机制，得出纵向的投入产出关联和规模外部经济是驱动中国制造业产业集聚的主要机制。[④] 对两个时段陶瓷产业转移机理的分析表明：市场才是驱动陶瓷产业转移的主要动力，而政府只是起了助推作用。[⑤] 高技术产业集聚区的形成有赖于产业集群，产业发生集聚的区位因子包括知识溢出环境、人力资本聚集、气候环境、商贸环境、交通环境和供应链环境。而更多的研究做出了进一步的分析，对集聚与扩散的影响因素进行实证检验。[⑥] 传统的劳动力等比较优势逐渐成为抑制中国制造业地理集中的主要因素，中国制造业地理集中主要由产业的技术

① McCormick, D., "African Enterprise Clusters and Industrialization: Theory and Reality," *World Development Special Issue on Enterprise Clusters* 27 (9), 1999, pp. 1531 – 1551.

② Athreye, A., "The Role of Transnational Corporations in the Evolution of A High-Tech Industry: The Case of India's Software Industry—A Comment," *World Development* 32 (3), 2004, pp. 555 – 560.

③ Redding, S., Venables A., "Economic Geography and International Inequality," *Mimeo LSE* 25, 2000, pp. 56 – 71.

④ 马国霞等：《中国制造业产业间集聚度及产业间集聚机制》，《管理世界》2007 年第 8 期。

⑤ 李松志：《基于集群理论的佛山禅城陶瓷产业转移时空演替机理研究》，《人文地理》2009 年第 1 期。

⑥ 王铮等：《高技术产业聚集区形成的区位因子分析》，《地理学报》2005 年第 4 期。

偏好、市场规模和产业关联等因素推动。[①] 相关文献检验了影响天津滨海新区制造业 32 个产业空间集中和分散的因素。[②] 北京市 25 个制造业行业在不同的距离范围内呈不同程度的集中分布，随着距离的增加，集中度基本呈下降的趋势。[③] 比较优势和产业联系是影响北京制造业空间集聚的主要因素，促进北京制造业行业地理集中；产品市场竞争、外商投资和技术外溢推动产业布局趋向分散。

（三）产业发展差异的相关研究

宏观层面的区位论研究更多的是以区域差异分析为基础的，目前的研究往往以省级层面或地市（县域）层面的数据为分析对象，以产业的产出规模为主要研究内容，集中于产业（或企业）格局分布和集聚（或集中）扩散趋势以及产生此结果的影响因素分析。对于格局的分析多采用各种类别的指数，如测算产业地理集中的方法有差异系数、赫芬达尔指数、赫希曼—赫芬达尔指数、胡弗指数、信息熵指数、锡尔系数、基尼系数等，测算产业地理集聚的指数有 Devereux 指数、EG 指数和 MS 指数，通过观察指数的实际变化，掌握产业格局的集聚（集中）和扩散趋势，寻找区域产业发展的规律。

1. 产业区域分布状态的研究

国外学者针对产业发展的宏观格局的研究多集中在美国和欧盟。自 1860 年以来，美国制造业是趋向于专业化和地理集中的，其中影响因素是企业的规模经济和"赫克歇尔－俄林"模型所提出的比较优势。[④] 使用熵指数研究发现，欧洲制造业在空间上变得更加集中。欧盟的制造业在 1980 ～

① 王业强、魏后凯：《产业特征、空间竞争与制造业地理集中——来自中国的经验证据》，《管理世界》2007 年第 4 期。

② 江曼琦、张志强：《产业空间集中影响因素探究——基于天津滨海新区制造业 32 个产业的面板数据分析》，《南开经济研究》2008 年第 1 期。

③ 刘春霞等：《基于距离的北京制造业空间集聚》，《地理学报》2006 年第 12 期。

④ Kim S., "Expansion of Markets and the Geographic Distribution of Economic Activities: The Trends in US Regional Manufacturing Structure 1860 – 1987," *Quarterly Journal of Economics* 110, 1995, pp. 881 – 908.

1995 年是趋向于空间集中的,[①] 尤其是纺织、服装鞋帽等制造业在空间上趋向于地理集中。而其他产业则没有表现出这种趋势,整个欧盟区域范围以内的产业在国家之间是趋于分散的,而在各个国家内部则是趋于集中的,这种状况在制造业领域表现得尤为明显。

产业发展宏观格局研究的一个重要方面是针对中国产业的区域分布状态(集聚与扩散状态)的研究。产业自身规模以及其他产业规模对该产业的劳动生产率具有正向影响。[②] 中国装备制造业总体上空间集聚程度不断提高,集聚是中国装备制造业主要的变动方向和发展趋势。[③] 1996 ~ 2005 年中国制造业空间结构变动过程和结果都同时表现出集聚和扩散两类特征,其中集聚占绝对优势。[④] 广东等六省市在整体服务业方面的地区差异有扩大的趋势,分行业来看传统服务业的省际差异在缩小,一些新兴的尤其是知识密集型服务业方面的省际差异呈现扩大趋势。[⑤] 外商投资、地区产业网络构成和创新能力等新因素成为决定彩电产业分布的重要影响因素。[⑥]

2. 影响产业区域差异的因素研究

此类研究往往建立在集聚机制、集聚程度考察的基础上,进而通过建立指标体系和回归模型对影响产业集聚的因素进行分析。产业集聚最重要的机制是技术密集型产业和地区熟练劳动力的相互作用。[⑦] 需求区位和比较优势是制造业相对地理集中的主要驱动因素。[⑧]

---

① Brühart M., Mathys N., "Sectoral Agglomeration Economics in a Panel of European Regions," *University of Lausanne Working Paper* 1, 2007, pp. 1 – 22.

② 陈良文、杨开忠:《产业集聚、市场结构与生产率——基于中国省份制造业面板数据的实证研究》,《地理科学》2008 年第 3 期。

③ 高新才、王科:《中国装备制造业空间集聚的实证研究》,《经济问题》2008 年第 7 期。

④ 陈秀山、徐瑛:《中国制造业空间结构变动及其对区域分工的影响》,《经济研究》2008 年第 10 期。

⑤ 黄雯、程大中:《我国六省市服务业的区位分布与地区专业化》,《中国软科学》2006 年第 11 期。

⑥ 高菠阳、刘卫东:《我国彩电制造业空间变化的影响因素》,《地理研究》2008 年第 2 期。

⑦ Nikolaus, W., "Endowments, Market Potential, and Industrial Location: Evidence from Inter-war Poland (1918 – 1939)," *CEP Discussion Papers (LSE dp0609)* 6, 2002, pp. 51 – 72.

⑧ Traistaru I., Martincus, C., V., "Economic Integration and Manufacturing Concentration Patterns: Evidence from Mercosur," *European Integration Studies* 23, 2003, pp. 156 – 171.

国内学者的相关研究较多地集中在工业或制造业领域。中国工业发展的区域差异呈先缩小后扩大的趋势，集中体现在沿海与内陆地区。国际分工、技术进步、资源环境约束、政策体制等因素是影响中国工业发展与空间布局的主要因素；[①]改革开放以来中国地区专业化水平和制造业地理集中程度均有较大幅度上升，规模经济是决定制造业空间分布的重要因素；[②]影响各制造业省区地理分布的区位因素，由于不同类型产业的地理分布影响差异较大。[③]也有学者对服务业的空间差异及其影响因素进行了深入的研究，从经济区位论的角度出发，研究了服务业的类型和不同类型服务业的区位特征以及服务业布局的理论依据；[④]经济发展水平、城市发展程度、市场发育程度、交通通信水平、经济全球化水平和人力资源丰度是影响中国服务业发展空间差异的主要因素；[⑤]中国城市服务业呈现明显的产业集聚，其强度高于工业，产业的资金密集程度越高、中间投入需求程度越高、政府管制水平越低、开放程度越高的服务行业集聚度越强。[⑥]需要指出的是，针对外商直接投资（FDI）区位研究的相关成果极为丰富，如从需求因素、供给因素和市场环境因素三个方面分析服务业跨国公司的投资区位选择行为；[⑦]对我国企业对外直接投资的区位选择进行分析；[⑧]使用长三角16个城市的相关数据，证实长江三角洲各城市的工业企业销售产值、FDI自我积累的因果效应机制等表征产业集聚状况的因素已成为影响FDI在长三角区位决

① 张晓平：《改革开放30年中国工业发展与空间布局变化》，《经济地理》2008年第6期。
② 魏博通、周杰文：《经济一体化、地区专业化与中国制造业的空间分布》，《经济管理》2008年第Z1期。
③ 贺灿飞等：《中国制造业省区分布及其影响因素》，《地理研究》2008年第3期。
④ 张文忠：《大城市服务业区位理论及其实证研究》，《地理研究》1999年第3期。
⑤ 申玉铭等：《我国服务业发展的基本特征与空间差异研究》，《人文地理》2007年第6期。
⑥ 胡霞、魏作磊：《中国城市服务业发展差异的空间经济计量分析》，《统计研究》2006年第9期。
⑦ 张诚、赵奇伟：《中国服务业外商直接投资的区位选择因素分析》，《财经研究》2008年第12期。
⑧ 李伟杰：《我国企业对外直接投资的区位选择——理论综述与实践回顾》，《金融教学与研究》2008年第6期。

策的重要因素；① 分析了长三角地区产业集聚对外商直接投资区位选择的影响；② 分析了产业集群优势对 FDI 区位选择的影响，认为集群的集聚力要远远大于工资、土地、成本等分散力的影响；③ 从经济组织角度研究了产业集群对跨国公司区位的意义，特别注重制度分割对于产业集群的组织属性、效率边界及演进动力的作用，以及这种作用对跨国公司区位的影响。④

第二节　城市收缩问题研究的相关理论

一　企业竞租理论

竞租理论最早起源于农业竞租理论，竞租理论最早出现在德国农业经济学家杜能的著作《孤立国对于农业和国民经济之关系》（简称《孤立国》）中，但是他仅以农用地为例分析不同作物由于可支付的地租不同，会选择在距离市场不同的区位种植，杜能的早期研究为竞租理论做出了巨大的贡献。阿龙索（W. Alonso）于 1964 年正式提出竞租理论，其发表的著作《区位与土地利用：关于地租的一般理论》中构建的竞租模型将空间关系和距离因素引入经济学研究领域，成为现代新古典城市区位理论的里程碑，该理论主要是指各类经济活动根据城市中心不同距离的位置上所能支付的地租和所能获取的潜在收益，权衡愿意支付的地租。阿龙索指出，在任何一个地理位置上，总有一种用途比任何其他用途有更高的地租报酬，从单个经营者的经济立场和微观经济效益的角度来看，这种用途总是土地的最有效利用方式。这种由地租高低决定土地利用方式的竞争形式称为竞租原理，竞租原理可方便地解释典型城市市区及周围土地利用的分配过程。随着地租、地价从市中心向郊外逐渐下降，市中心至郊外按用地功能依次分为中

① 毛新雅、王桂新：《FDI 区位决策中的产业集聚因素——基于长江三角洲（16 城市）的实证研究》，《财经科学》2005 年第 5 期。
② 肖文等：《产业集聚和外国直接投资区位选择——基于长三角地区经济发展的视角》，《国际贸易问题》2008 年第 7 期。
③ 王亚飞等：《区域产业集群优势与 FDI 区位选择》，《地域研究与开发》2007 年第 3 期。
④ 李恒：《制度分割、产业集群与跨国公司区位》，《国际贸易问题》2005 年第 3 期。

心商务区、住宅区、城市边缘区、城市边界和农业区。阿龙索的竞租曲线
见图2.1。

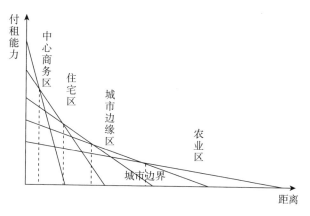

图 2.1　阿龙索的竞租曲线

竞租理论是建筑业企业或产品区位选择与空间布局的基础理论，因为
它决定了建筑业产品的需求模式和供给成本，一般而言，地租较高的区域
往往被商业区、行政办公单位、金融服务区等所占据，而且城市中心建筑
群的更新周期较长，而建筑面积大、付租能力低的住宅区和大型公共服务
设施往往分布在城市近郊区，土地价格是建筑业发展需要考虑的重要因素。

二　企业地理理论

企业地理（Geography of Enterprise）又称公司地理，企业地理理论研究
的主要对象是多厂地理，其典型特点是研究个别企业及其活动的空间组织
方式，而不是总体工业；企业地理理论对个别企业的研究不注重企业内部
的生产过程，而是研究某一企业的前后向联系，从而可以探究企业为何配
置在某一区位及对其所在地产生的影响。20世纪后半期，世界经济结构发
生了根本性的巨大变化，区位因素变得更加复杂，大型企业组织外部环境
的变化以及各企业组织间的复杂联系使得传统的区位理论和分析方法很难
解释这一现象，麦克尼1958年首次对石油工业企业的地理决策问题进行了
开拓性研究，并在此基础上，于1960年首次提出"企业地理"概念，这标
志着企业地理研究的开端。对企业地理研究的综述中，将企业地理研究的

主要领域归结为六个方面：①企业与环境相互作用关系研究；②企业联系研究；③企业的增长与空间演化研究；④多厂企业地理组织研究；⑤企业联系与工业集聚；⑥企业与区域经济发展研究。①

　　企业地理研究的相关观点为建筑业企业空间组织提供了理论支持。建筑业企业受用户、供给者、竞争者以及协调组织结构（如勘察设计机构等）等环境条件的影响，需要综合考虑企业自身与环境的相互依存性、企业与其空间环境的适应性、企业的经济环境与空间背景以及企业组织之间的相互作用，进而形成合理的企业内部组织结构。由于建筑业企业与产品的分离，企业需要合理安排人员与资本及设备的配备，才能实现企业资源的合理配置，在更大的空间范围内实现企业的宏观发展战略。企业组织空间演化模型，即四阶段演化模式：具有非正式控制结构的简单小型企业组织—以单一产品生产为基础的功能结构—多产品、多样化的分工结构—较复杂的跨国企业的全球结构特征。此后的相关研究中学者们提出了更多的企业空间演化模型，这些模型假设往往过于严格，缺乏普适性，但相关理论成果为企业空间演化模式的过程和战略选择提供了理论指导。上述空间演化模式大多局限于工业企业的分析，企业空间演化模式同样适用于建筑业企业的空间组织，针对大型建筑企业施业空间范围较大、功能单元繁多（如总部、管理单元、研究与技术单元、生产与施工单元等）、企业之间竞争性大于互补性的特点，探讨建筑业企业自身的空间演化模式显得极为必要。企业地理研究另一个关注的方面是企业与区域经济发展关系的研究，首先是从企业属性（外部控制、组织结构和所有制结构）方面探究企业与区域经济发展之间的关系，其次是研究分支工厂对地方经济的影响，再次是从企业横向和纵向联系的空间特点上研究企业与区域经济发展的关系，最后是从企业内部服务联系的角度研究企业对地方第三产业发展的影响。由于建筑业企业对区域经济所施加的影响通过各种建筑产品和服务体现出来，其表现形式往往是错综复杂的，体现出企业地理研究的范围不仅仅局限于工业企业地理，而是在区域经济发展的背景下，探究各个产业企业互相联系和互相

---

① 费洪平：《企业地理研究综述》，《地理研究》1993 年第 1 期。

制约的机制，尤其表现在与建筑业密切相关的土木工程建造、固定资产投资与更新改造领域。

三　产业集聚理论

集聚理论最早由韦伯提出，产业集聚（Industrial Agglomeration）理论一直为国内外学者所关注，他们分别从外部经济、产业区位、竞争与合作、技术创新与竞争优势、交易成本、报酬递增等角度探讨了集聚的形成原因与发展机理。产业集聚往往是由于相关的企业或机构具有某种共性或互补性特征而紧密地联系在一起，形成一种在地理上集中的相互联系、相互支撑的产业群的现象。

由于建筑业企业与建筑业产品的相对分离，建筑业集聚使建筑业具有一些与其他产业不同的特点。建筑业集聚至少表现在两个方面，一是建筑业企业的集聚，二是建筑业最终产品或服务的集聚。建筑业企业施业的空间范围较大，建筑设计与建筑施工往往是分离的，其集聚过程受技术、金融等服务便利性、高素质的劳动力人才市场、城市区位等因素的影响较大。建筑业产品的集聚受特定区域发展状态约束，其集聚依托工业部门或服务业部门的空间集聚，工业和服务业集聚将衍生出对建筑业产品或服务的需求。城市中心区域形成时间较长，建筑群使用周期较长，更新与改造成为这类区域的重点内容；而城市外围郊区、经济开发区等由于发展空间较大，在地貌平整施工、基础设施（诸如市政道路，雨水、污水、自来水、天然气、电力、电信、热力及有线电视管线）、配套的住宅区和消费区、公共服务区等的建设过程中，为建筑业产品或服务提供了巨大的发展空间，建筑业产品与服务的集聚表现出很强的功能互补性特征。

四　城市空间结构理论

城市作为区域发展的核心，无论是在人类繁衍、文明传承还是在经济增长、社会进步等众多层面均发挥主导作用。国家的起落都是围绕城市兴衰展开的，城市发展优劣也注定成为区域发展和空间演化的关键所在。然而，纵观世界城市空间发展变迁的历史轨迹，从城市空间发展的单一中心模式到多中心形态的有益探索，从单一国家的城市群到跨国家、地区大都市带的规划实践，城市结构和空间演变并没有表现出某种固定、标准化的发展模式，正是基于城市空间发展模式的多元化特质，国际城市发展研究领域才涌现出大量经典的城市空间结构理论。

对单一中心城市发展模式研究最具代表性的是同心圆理论。[①] 通过对芝加哥城市土地使用结构的实地考察与经验分析认为，基于土地用途的差异性特点，城市空间格局将形成一个环绕单一中心由内至外有序扩展的圈层结构。第 1 层是中心商贸区，第 2 层是过渡带，第 3 层是工人居住区，第 4 层是优质居住区，第 5 层是通勤居住区（如图 2.2 所示）。同心圆理论显然迎合了 20 世纪 20 年代城市土地规划的主流模式，但该理论模型的假设条件过于理想化，因为政府规划部门无法彻底消除道路交通、区位偏好以及天然障碍等历史与现实的主客观因素。

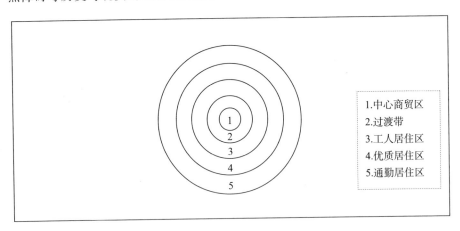

图 2.2　Burgess 同心圆理论模型

基于同心圆理论的缺陷，相关文献从住房租金差异性的经济学视角分析了美国 64 个中小城市以及芝加哥、纽约等知名城市住宅的空间分布，进

---

① Burgess E. W., *The Growth of the City：An Introduction to a Research Project*（Chicago：University of Chicago Press，1925），p. 157.

而提出扇形理论（Sector Theory）[1]，验证了集聚在相同扇形区域的家庭具有社会经济等方面相类似的特征，并且建立了社会经济城市不同层级住房用地倾向于沿着交通主干道和天然屏障最少的方向，由中心商贸区向郊区推进的城市空间扇形发展结构（如图2.3所示）。尽管增加了方向要素，改进了同心圆理论的不足，但是城市空间发展的扇形模式在受制于城市地域圈层理念的同时，还缺乏对产业布局、经济转型等其他城市多维发展要素的深入探讨。

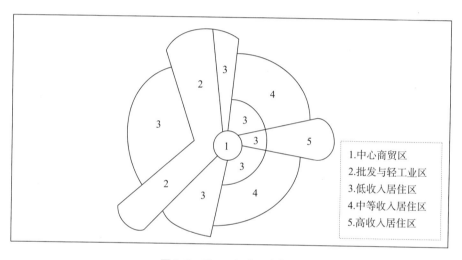

图 2.3　Hoyt 扇形理论模型

城市空间发展的多核心理论（Multiple Nuclei Theory）认为，城市发展将以主要商业中心为核心演化出多个发挥成长中心功能的次级核心，而这些次级核心终将形成新的极核中心[2]（如图2.4所示）。尽管多核心理论考虑到基础设施、区位特点及租金级差等城市发展的多元化社会经济要素的驱动作用，但是对城市发展要素之间的联系缺乏进一步探讨，更为关键的是未能将多级核心之间的等级差别和城市发展总体规划要求进行有机结合。

①　Hoyt, H., "The Structure and Growth of Residential Neighborhoods in American Cities," Washington D. C.: Federal Housing Administration, 1939.

②　Harris C. D., Ullman E. L., "The Nature of Cities," *Annals of the American Academy of Political and Social Science* 247, 1945, pp. 7–17.

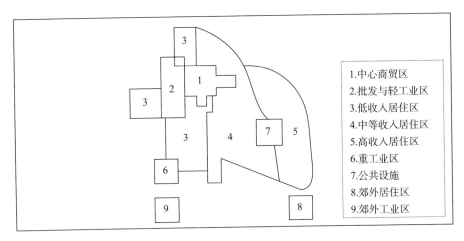

图 2.4 Harris 和 Ullman 多核心理论模型

源于 20 世纪 20 年代芝加哥学派的同心圆理论、扇形理论以及多核心理论并称城市空间发展的三大经典模型，同时也开启了城市空间结构研究的新纪元。此后的半个多世纪，城市空间结构研究领域涌现出大量极具代表性的成果，本书通过表 2.1 对这些理论进行归纳总结。

表 2.1 20 世纪 40～80 年代城市空间结构代表性理论

年份	作者	代表性理论	观察城市	理论基础	空间发展模式	理论创新点
1947	Dickinson R. E.	三地带理论	欧洲城市	同心圆理论	由城市中心按照中央地带、中间地带和郊区带顺次发展	开创城市郊区化的研究
1951	木内信藏	三地带理论	日本城市	同心圆理论	由城市中心按照中央地带、中间地带和郊区带顺次发展	增加对日本各地带区域的独特解析
1954	Ericksen E. G.	折中理论	欧洲、北美工业城市	同心圆理论、扇形理论、多核心理论	城市中心商务区外侧发展为延伸式放射状工业带，相邻放射带之间区域是居住带	将土地使用类别简化为商业、工业和住宅三种
1963	Taaffe E. J. 等	城市空间理想结构理论	欧洲、北美工业城市	同心圆理论、扇形理论	由中心商务区、中心边缘区、中间区、外缘带和近郊区构成的城市理想发展模式	提出了理想城市发展模式
1965	Mann	同心圆—扇形理论	欧洲、北美工业城市	同心圆理论、扇形理论	城市西部发展为高级居住区，而工业区和贫民区位于城市东部	将气候特征等自然因素纳入城市空间结构研究

续表

年份	作者	代表性理论	观察城市	理论基础	空间发展模式	理论创新点
1967	McGee T. G.	Desakota 模式理论	亚洲发展 中国家城市	同心圆 理论、 扇形理论、 多核心理论	城市中心工业区向外 围扩散与乡村地区非 农产业的发展逐步形 成"灰色区域"[a]	提出了城乡融合发展 模式，打破传统意义 上乡村与城市各自封 闭的空间发展模式
1975	Russwurm L. H.	区域城市 结构理论	欧洲、北美 工业城市	同心圆 理论	由城市核心区、边缘 区、影响区和乡村腹 地构成的区域城市结 构发展模式	对城市地区与乡村 腹地的交互影响进 行了综合研究
1981	Muller	大都市空间 结构理论	欧洲、北美 工业城市	多核心 理论	由衰落城市中心外郊区 的若干核心小城市形成 各具特色的城市地域， 进而组成新的大都市区	提出大都市空间结 构新模式

注：a. McGee，T. G.，*The Southeast Asian City*（London：Bell，1967），pp. 46 – 65。

从表 2.1 列示的内容中不难发现，自芝加哥学派城市空间三大经典理论创立以来，针对城市空间结构发展模式的研究极大地激发了不同历史时期世界各地专家、学者的研究热情，城市空间结构的研究偏好也呈现多学科、分层次、跨国家的显著特征。无论是从专注于结构布局的建筑规划、城市地理到倾向于结构功能的社会生态、经济政治的多学科与多视角的系统综合研究，还是从传统的二维层面的人地关系、城市个体到三维空间的城市区域、都市群落研究，抑或是超越国家与地区的世界城市构架的发展模式研究，即便是我们能够将现实生活中的典型城市对应到各类发展模式中，然而时代的革新、城市的变迁与思维的鲜活也都注定了城市空间发展模式具有动态性而无法将其视为放之四海而皆准的范式，但这也正是城市空间发展模式研究的活力所在。

五　城市发展阶段理论

兴起、发展、繁荣、衰退，这组通常用来形容城市周期性演化的词语，不仅表明了城市是人类文明发展的产物与客观存在，其演变是一种螺旋式的发展过程，同时也承载了人类文明从农耕劳作、商业交易、工业革命到后工业时代各阶段历史时空转换的深刻内涵。城市发展阶段理论起源于 20

世纪初，认为应当将达尔文的生物进化论原理应用到城市发展与演化的研究中，并提出了城市生命周期的研究思想。[①] 无论是对城市"生态进程"各阶段表现的研究还是对城市兴起到衰亡的历史发展循环的研究，[②] 20 世纪中期以前的研究由于仅仅提出了城市周期与阶段发展的思想，缺少深入细致的分析而只能被视为一种对城市发展阶段理论研究的启蒙。

"城市发展阶段理论"与"差异化城市理论"被视为 20 世纪中后期以来城市阶段发展理论较具代表性的理论模型。从充满活力的增长阶段到稳定或衰弱阶段再演变到一个新周期，城市的发展具有显著的周期性特征。[③]

从图 2.5 中可以看出，城市发展阶段理论模型基于人口变化率的模拟视角将城市分为中心与外围地区，并通过分析城市整体人口数量的增减以及中心与外围地区人口变动情况而将城市发展分为城市化、郊区化、逆城市化和再城市化阶段，最后根据中心与外围地区人口波动突变点将上述四个阶段进一步划分为八个小阶段。城市发展阶段理论模型对当时乃至当今发达工业化国家或地区城市发展具有极强的解释效用。

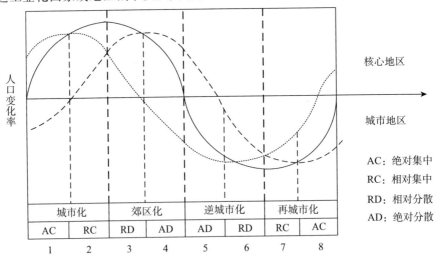

图 2.5　城市发展阶段理论模型

①　Geddes P. , *Association O. T. Cities in Evolution* (London: Williams & Norgate London, 1949), p. 97.

②　〔美〕刘易斯·芒福德：《城市发展史》，宋俊岭等译，中国建筑工业出版社，2003，第 9 页。

③　〔德〕奥古斯特·勒施：《经济空间秩序》，王守礼译，商务印书馆，2010，第 56 页。

试图解释全球国家或地区城市人口演变模式的"差异化城市理论"认为，差异化城市理论模型基于人口净迁移量随时间变化的特性而将城市划分为大中小三种类型以及发展演变的三个阶段，分别为人口向大城市净迁移的"城市化阶段"，中等城市人口净迁入增长率远超大城市的"极化逆转阶段"，人口向小城市净迁移的"逆城市化阶段"以及之后可能发生的城市演变的第二轮循环周期——"城市化阶段"。[①] 差异化城市理论模型见图2.6。

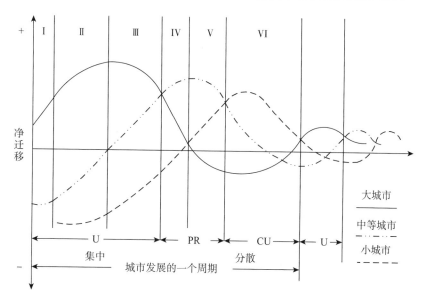

图2.6 差异化城市理论模型

注：Ⅰ初级大城市阶段；Ⅱ中级大城市阶段；Ⅲ高级大城市阶段；Ⅳ初级中等城市阶段；Ⅴ高级中等城市阶段；Ⅵ小城市阶段；U城市化；CU逆城市化；PR极化逆转。

顺序规模城市发展阶段模型是由Berry在2004年提出的一种对城市动态发展顺序评价的理论。城市系统与社会经济发展具有系统的关联性，人口大量聚集的城市普遍存在环境污染、产业竞争、生存压力等现实困境，这出现了人口、商业、服务业的郊区化发展模式，城郊融合又进一步促进了巨型城市群的快速崛起。[②] 我国学者对城市发展阶段理论的研究尚处于起步时期，这

---

① 谭崇台：《发展经济学的新发展》，武汉大学出版社，1999。
② Chenery, H. B., *The Compare Research on Industrialization and Economic Growth*（Shanghai: People Publishing Company of Shanghai, 2004）, p.125.

与我国的国情与城市化发展所处的阶段有关。相关文献依据农业文明与工业文明对城市生命周期研究进行了阶段性划分，农业文明的内部政治、经济、文化发展水平严重制约了城市经济发展的周期。① 这一时期的城市一般兴起于农业发达的区域，无论是中国的文明发源地黄河流域、长江流域，还是底格里斯河流域、幼发拉底河流域等其他世界地区，发展进程缓滞、周期漫长都成为这些地区城市在农业文明时代发展的核心特征。工业文明加剧了城市间甚至城市内部发展的不均衡性，经济周期、区域经济、人口聚散、技术创新等周期性因素成为这一时期城市发展加快、周期缩短、类型增多的关键要素。

无论是长久以来的社会文明的时空转换，还是螺旋式上升的城市发展的反复演变，差异化必然是世界各个国家城市不同发展阶段的显著特征。差异化发展的基础与发展路径形成了工业城市、资源城市、综合城市、商业城市等多种类型城市，也注定了不同国家城市发展阶段表现形式的多元化特点。此外，在应用城市发展阶段理论分析现实问题时，我们不能割裂城市与乡村二者的相互关系，因为在城市发展的任何阶段，城市与乡村的发展都紧密相关，但是那些收缩城市似乎并没有意识到这恰恰是城市收缩的重要原因之一。综合以上内容可以看出，城市发展阶段理论对城市兴衰分析的重要程度，表2.2对城市发展的不同阶段特征进行了归纳分析，这将为后文国际城市收缩问题研究的良好开展提供较为充分的现实依据。

表 2.2　城市发展不同阶段的特征

	阶段一	阶段二	阶段三	阶段四	阶段五	阶段六
A. 城市农业	劳动力富余，农业技术水平低下，农业产值比重高	农村劳动力在城市季节性就业，农业技术稳步提升，农业产值比重下降	在季节性就业的同时开始向城市迁移，农业劳动土地配置合理，产值比重继续下降	农村人口向城市迁移规模递减，现代化、机械化水平不断提高，农业产值比重稳定	城市与乡村差距变小，农业生产实现现代化，农产品质量要求提高，农业产值增加，但比重变化不大	农村生活水平较高，城市人口郊区化，绿色农业快速发展，农业产值比重缓慢提高

①　何一民：《城市发展周期初探》，《西南民族大学学报》（人文社科版）2006 年第 3 期。

	阶段一	阶段二	阶段三	阶段四	阶段五	阶段六
B. 城市工业规模经济	不明显	缓慢至中速增长	缓慢至中速增长	比较明显/中速增长	明显/快速增长	非常明显
生产要素配置	劳动密集型	劳动密集型	出现以资源开发为主的资本密集型	比较平衡	较大的资本和技术密集型	主导工业是高资本、高技术密集型
城市间工业区位分布	中心化	中心化	缓慢地分散	分散化	分散化/工业向郊区扩散/工业组群形成	分散化/工业分布在附近的非都市化地区
区位导向	市场导向	自然资源导向/市场导向	市场导向/自然资源导向	市场导向/互补性/自然资源导向	市场导向/互补性	市场导向/互补性
区域间空间联系	相当有限,地方性/区域性	有限,地方性/区域性	增大,区域性	区域联系明显,地方联系增加	区域性联系非常明显,地方性和全国性联系明显	区域性和全国性联系非常明显,地方性联系明显
C. 城市服务业	简单的服务业	服务业从业人员迅速增加但整体比重趋于下降,整体素质较低	服务业部门开始迅速分化,技术水平不断提高,服务业从业人数增加,就业人数比重趋于稳定	服务业就业比重开始增加,服务业在区域经济中的地位不断提高	服务业就业比重快速增加,个别服务业部门成为区域经济的支柱产业,就业者整体素质较高	服务业就业比重保持增加趋势,服务业产出超过工业部门,成为区域经济的重要支撑

资料来源：戴永安《中国建筑业的发展机理及其经济影响》，东北师范大学出版社，2013。

第三节 传统增长理论的局限性评析

纵观世界城市发展范式，其言辞毫不掩饰地倾向于发展、进步、扩张和增长管理，对增长过程的研究已经成为分析一个经济发达国家发展模式不可分割的重要组成部分。特别是在城市规划领域的每一个概念、定理、理论以及现代性的实践都以广泛的甚至永久的增长模式为特征。[1] 过去两个

---

[1] Oswalt, P., Rieniets, T., *Atlas of Shrinking Cities* (Ostfildern：Hatje Cantz，2006)，p.29.

世纪的城市规划几乎是唯一的、毫无疑义地适应了增长模式。[1] 城市建筑与规划似乎已经成为城市经济增长的原因，所以大量权威研究普遍集中于经济增长理论或城市经济增长理论。对于任何既定领域而言，政治和经济发展的本质实际上就是增长，增长是每一个既定领域发展的本质前提。[2] 所以，城市规划中增长模式和增长思维长期占据主导地位，城市增长几乎成为所有经济发展研究的前提假设，这也在一定程度上成为只有城市增长理论而没有城市收缩理论或者我们承认城市再发展而不承认非城市化的一个注脚，其潜在假设就是所有城市和小城镇都能够实现长期持续增长，但事实并非如此。

伟大的城市——百万人口的大都会注定是通往死亡之城的中转站。[3] 此言论虽然略显悲观，但无疑对城市收缩做出了前瞻性的预言。60 年后，Hall（1998）争辩道，我们永远无法目睹巨型城市的消亡，相反，我们将之取名为全球化城市，它将吸引大小不一、形式各异的组织、机构来控制全新的环球经济。[4] 可见，Hall 将城市发展研究推向全球化视角，时至今日，其观点依然具有重大的历史意义和深刻的现实意义。随着全球化的推进，不同国家的城市之间的激烈竞争将产生赢家和输家，即便是在国家内部，那些与全球城市网络紧密相连的核心城市更容易超越其他国家的城市，关键就是增长和收缩成为城市变迁"这枚硬币"的两面，共存于同一个国家的经济、政治、社会发展演变的过程中，彼此交融。

集聚经济理论被看作城市发展的核心动力，韦伯的工业区位理论作为这一领域的权威代表，认为集聚效应主要表现在扩张的规模经济和各种企

---

① Beetz, S., Huning, S., Plieninger, T., "Landscapes of Peripherization in North-Eastern Germany's Countryside: New Challenges for Planning Theory and Practice," *International Planning Studies* 13 (4), 2008, pp. 295 – 310.

② Molotch, H., "The City as a Growth Machine: Toward a Political Economy of Place," *The American Journal of Sociology* 82 (2), 1976, pp. 309 – 332.

③ 〔美〕刘易斯·芒福德：《城市发展史》，宋俊岭等译，中国建筑工业出版社，2003，第 9 页。

④ Hall, P. G., *Cities in Civilization* (New York: Pantheon Books, 1998), p. 125.

业空间集中产生的集聚经济。① 但是，当这种集聚效应达到满载后，尤其是伴随着城市拥挤、环境恶化、生存质量下降等不良现象，企业不得不自发地向城市边缘转移，市中心将面临不可避免的人口流失。传统的集聚理论并没有对这一问题做出科学的解释和应对之策，其中增长极理论也无法解释美国底特律城市收缩现象。城市空间结构理论认为不同区域之间资金、技术、人口等相互传输有利于加强区域的联系，扩展城市发展的空间，但是前提条件是城市间存在互补性，这实质上也以城市增长为潜在假设。

可以看出，城市增长思维导向下的城市发展策略在应对城市收缩问题时解释力有限，与曾经的城市增长不同，对于去工业化、老龄化、郊区化等导致城市收缩的关键因素而言，城市规划表现出一种英雄般的失败。当政策制定者和城市规划者面对人口流失和社会变革时，以增长为核心的规划工具也注定随之改变。如果将一个城市发展演变的关键因素高度概括为结构转变、集聚效应和城市文化，那么这些因素正对应时间、空间和精神三个维度的高度统一。② 如果结构转变与集聚效应可以通过城市物质环境建设与政府利益来实现，那么城市精神无疑成为城市规划的一种遗憾。城市开发商习惯通过工程建设（基础设施、建筑和区域建设）来"发展"一个城市，但是城市收缩是一个完全不同的城市转变形式，它并不改变其赖以发生的城市物质环境。③ 城市建筑是城市成功的结果，而绝非原因，只有人

---

① 〔德〕阿尔弗雷德·韦伯：《工业区位论》，李刚剑等译，商务印书馆，1997，第14页。
② 在增长经济学与发展经济学中，结构转变和文化在经济中的重要作用日益得到重视，而这些因素对于城市的兴衰也同样重要。同时，近期城市经济学和新经济地理学都开始强调以往经济研究中常被忽视的空间集聚因素。综合目前现代经济学的相关研究，我们认为，城市实际上正是现代经济学研究中增长和发展影响因素发生作用的空间载体，我们可以将城市发展演变的关键因素高度概括为结构转变、集聚效应和城市文化，城市的兴盛和发展正是上述这些因素综合作用的结果。同时，这些因素与增长理论所强调的创新也密切关联，而更富有深意的是，这些因素正对应了时间、空间和精神三个维度的高度统一。参见刘雅南、邵宜航《城市兴衰演变的经济学分析》，《经济学家》2014年第1期。
③ 〔德〕菲利普·奥斯瓦尔特：《收缩的城市》，胡恒等译，同济大学出版社，2012，第15页。

才的集聚而不是建筑的集聚才是城市发展的核心动力。① 所以，从城市物质环境建设向"弱规划"时代转变有着根本性的战略意义，我们需要把"软工具"理解为城市规划的重要有机组成部分。同城市增长一样，城市收缩也不会永久持续下去，城市还可能再次增长，但是这一收缩过程将带来城市的指导原则、行动模式、规划实践的根本性转变，进而演变为城市社会发展的新方向。为此，我们有必要首先从全球视角对城市的发展演化以及城市收缩问题的形成及驱动力进行逻辑假设。

城市收缩现象的复杂性决定了对其分析应当采用多维视角，通过对已有文献的总结梳理，科学界定城市收缩的概念，针对为何只有城市增长理论而缺乏城市收缩理论的疑问重新审视了城市增长理论的局限性，并从全球层面初步对城市收缩形成机制进行逻辑设想。

第四节　城市收缩概念的界定及理论关联

对于任何科学研究而言，对于专业术语的准确界定并取得一个广泛的共识都为后续研究的良好开展奠定了一个坚实的基础。现有的大量关于城市收缩的研究文献普遍基于英美国家的讨论和经验，但是城市收缩的概念源于对德国历史的学术探讨。如果仅仅从城市收缩现象的研究文献入手来综合概括城市收缩的定义，则未免显得研究缺乏严谨性，城市收缩现象在具有现实性的同时还具有历史性，所以从城市收缩的源头切入并结合现有文献进行提炼

---

① 格莱泽教授带领读者穿越人类历史，游历世界各地，并将经济与历史完美对接，展现了城市存在的优势及其为人类提供的福祉。城市让人类变得亲密，让观察与学习、沟通与合作变得轻而易举，极大地促进了思想撞击、文化交流与科技创新；城市鼓励创业，带给人们前所未有的工作机会，使社会的机动性和经济的灵活得以发挥；城市中密集的高层建筑、发达的公共交通、缩短的空间距离大幅度降低了人均碳排放，实现了节约能源、保护环境的伟大目标；城市清洁的水源、良好的排污系统与完善的医疗系统等维护了人们的健康与安全，提高了人类整体的生活质量。最后，格莱泽以报告文学的独特形式，依次"巡礼"了"帝国之城"东京、"秩序之城"新加坡与哈博罗内、"智慧之城"波士顿与米兰、"消费之城"温哥华、"崛起之城"亚特兰大与班加罗尔……在令读者领略城市辉煌成就的同时，也提示了若干城市未来的发展方向。参见〔美〕爱德华·格莱泽：《城市的胜利》，刘润泉译，上海社会科学院出版社，2012，第6页。

是较为符合逻辑的研究思路。收缩的城市来自德语"Schrumpfende Städte"，因为德国在 20 世纪 90 年代经历了严重的人口减少并引发一系列经济社会问题。在 21 世纪的前 10 年里，德国东部闲置的房屋已经达到 2000 年 100 万套峰值的 2 倍，城市收缩带来了巨大的负面影响，包括市政预算的减少，住房闲置，大量未被充分利用的公共排污系统、运输系统、教育和健康医疗系统等基础设施，这引起了德国政府规划部门的关注，其重新审视城市规划工具和指导模式的适应性。① 此后，这一现象陆续被英美国家的学者关注并被翻译为"Urban Decline"、"Urban Shrinkage"或者"Urban Shrink"等。可以看出，城市收缩现象起源于德国，最初表现为城市人口的减少并且伴随着多种因素导致的经济衰退和基础设施的大量剩余，进一步导致城市经济恶化。

城市收缩是一个循环过程并根植于更广阔的增长与收缩中，② 城市收缩既不是城市版图法律意义上的缩小，也不是城市物理空间扩张速度的放缓，而仅仅是人口的减少和由此导致的平均人口密度的下降。③ 收缩城市国际研究网第一次对城市收缩现象进行全球范围的尝试性界定，其中涉及城市地区的人口下限，认为最少有 10000 名居民的人口密集地区，人口持续流失 2 年以上并且正在经历以某些结构性危机为特征的经济转型。④ 早期的这些研究没有对人口下降的程度和形式等方面做出进一步探索。从量化的角度对城市收缩进行界定：城市已经暂时或永久失去了大量的居民，并且人口流失数量占总人口数量至少 10% 或年均人口流失比例大于 1%。⑤ 在美国，城市收缩直到最近才出现在城市规划和发展中并采用与之类似的描述——城市衰退（Urabn Decline），认为"城市收缩"（Urban Shrinkage）更合适，因

---

① Hall, P. G., Pfeiffer U., *Urban Future 21: A Global Agenda for Twenty-First Century Cities* (England: Taylor & Francis, 2000), p. 158.

② Brandstetter, B., "Umgang mit der Schrumpfenden Stadt-ein Debattenueberblick," *Berliner Debatte Initial* 16 (6), 2005, pp. 55 – 68.

③ Lötscher, L., "Shrinking East German Cities?" *Geographica Polonica* 78 (1), 2005, pp. 79 – 98.

④ 详见收缩城市国际研究网，http://www.shrinkingcities.org。

⑤ Oswalt, P., Rieniets, T., *Atlas of Shrinking Cities* (Ostfildern: Hatje Cantz, 2006), p. 31.

为它不像英美研究广泛使用的衰退或下降那样过于消极。① 城市收缩是一个无法避免的规划属性，由此带来一系列问题，涉及城市密度、合适的基础设施规模和服务、社会公平、环境改善、生态修复以及土地使用等。②

城市收缩是城市人口、社会经济发展遇到问题、失去增长动能的综合表现。尽管目前国际上对城市收缩的定义还未达成一致，但是普遍认为人口减少是城市收缩的主要标志。城市收缩是城市发展过程中的一个特殊阶段和形态，它是与城市增长、平稳发展和复兴相连的一个发展阶段。了解城市收缩的原因、过程和表现形式对于城市发展政策的制定具有重要意义。城市收缩不能简单地等同于城市衰退。城市衰退从根本上否定了城市发展动力，具有消极性；而城市收缩则是城市发展的一个阶段，这个概念更加有利于动态地考察城市在其发展轨迹中的位置和未来发展的趋势。城市衰退必然会造成城市收缩。一个城市如果出现衰退，就会陷入丧失人口和就业岗位、房屋弃置、③ 犯罪率增高、政府财政恶化的循环。反之，城市收缩不一定导致城市衰退，因为城市收缩强调的是由以人口减少为表征所引发的一系列发展问题。城市收缩更为客观地表征城市的发展进程。

综合以上内容，不难发现，城市收缩起源于德国，并广泛存在于欧洲大

---

① Grossmann, K., "Schrumpfung zwischen Tabu und Thematisierung," *Berliner Debatte Initial* 18 (1), 2007, pp. 14–21.

② Hollander, J. B., Pallagst, K., Schwarz, T., Popper, F., "Planning Shrinking Cities," *Progress in Planning* 72 (4), 2009, pp. 223–232.

③ 空置是指房屋没有投入使用，处于待出售或出租的状态。住宅空置率是一个反映住宅供给与需求之间矛盾的指标，合理的住宅空置率能使这个矛盾最小化，使住宅的供给和需求达到均衡。房屋空置过多，说明需求量不足或购买力不够，国家政府或市场可做出相应调节。房屋空置率是用没有使用的房屋建筑面积除以所有房屋的建筑面积乘以100%得到的数据。房屋空置率的计算是为了了解市场对房屋的需求趋势，如果房屋空置过多，则说明需求量不足或购买力不够，国家或市场可做出相应调节。由于所依据的房地产市场类型不同，空置率可以分为存量市场空置率和增量市场空置率。房地产存量市场空置率是指某一时刻空置房面积占全部房屋总面积的比例。但是，空置并不区分房屋的新旧，无论是第一次进入市场的新房屋，还是当前房屋使用者迁移后留下的房屋，只要没有确定新的使用者，都可被视为空置房屋。房地产增量市场空置率是指某一时刻新建房屋的空置房屋面积占一段时间新建房屋总面积的比例。这时的空置房仅指第一次进入市场的新房屋。按照国际通行惯例，空置率在5%~10%为合理区，商品房供求平衡有利于国民经济健康发展；空置率在10%~20%为危险区，要采取一定措施，加大商品房销售力度，以保证房地产市场正常发展和国民经济正常运行；空置率在20%以上为严重积压区。

部分国家和地区，而后引起英美国家政府规划部门和专家学者的高度重视并相继产生了大量学术成果。因为伴随城市收缩而来的是涵盖人口、经济、社会乃至文化等诸多方面的负面影响，所以，笔者认为可以从狭义和广义两个维度对城市收缩进行界定。狭义的城市收缩是指城市人口的持续流失并普遍具有永久性流失的特征，这也是城市收缩含义的内核。广义的城市收缩是指经济、社会、文化和人口在空间上的全面衰退，这是城市收缩的外延。为了避免混淆，后文中关于城市收缩的任何称呼——城市衰退、城市下降等都具有相同的含义并遵循笔者给出的定义。

此外，虽然现有的大量关于城市收缩的文献主要集中在欧美和东亚国家，但关注重点各异。在德国东部，由于低出生率、人口外迁以及受税收优惠刺激的城市更新①潮等综合因素的影响，城市中出现大量的闲置住

---

① 城市更新的目的是对城市中某一衰落的区域进行拆迁、改造、投资和建设，以全新的城市空间替换功能性衰败的物质空间，使之重新发展和繁荣。它包括两个方面的内容：一方面是对客观存在实体（建筑物等硬件）的改造；另一方面是对各种生态环境、空间环境、文化环境、视觉环境、游憩环境等的改造与延续，包括对邻里的社会网络结构、心理定式、情感依恋等软件的延续与更新。在欧美各国，城市更新起源于二战后对不良住宅区的改造，随后扩展至对城市其他功能区的改造，并将其重点放在城市中土地使用功能需要转换的地区。城市更新的目标是解决影响甚至阻碍城市发展的问题，这些城市问题的产生既有环境方面的原因，又有经济和社会方面的原因。城市更新的方式可分为再开发（Redevelopment）、整治改善（Rehabilitation）及保护（Conservation）三种。①再开发。再开发的对象是建筑物和公共服务设施、市政设施等有关城市生活环境质量的要素全面恶化的地区。这些要素已无法通过其他方式，使其重新适应当前城市生活的要求。这种不适应不仅降低了居民的生活品质，甚至还会阻碍正常的经济活动和城市的进一步发展。因而，必须拆除原有建筑物，并考虑为整个地区重新制定合理的使用方案。建筑物的用途和规模、公共活动空间的保留或设置、街道的拓宽或新建、停车场地的设置以及城市空间景观等，都应在旧区改建规划中统一考虑。应对现状做充分的基础调查，包括该地区自身的情况以及相邻地区的情况。重建是一种最为完全的更新方式，但这种方式在城市空间环境和景观变动方面、在社会结构和社会环境变动方面均可能产生有利和不利的影响，同时在投资方面也更具有风险，因此只有在确定没有可行的其他方式时才可以采用。②整治改善。整治改善的对象是建筑物和其他市政设施尚可使用，但由于缺乏维护而产生设施老化、建筑破损、环境不佳的地区。对整治改善地区也必须做详细的调查和分析，大致可细分为以下三种情况：若建筑物经维修、改善和对设备进行更新后，尚可在相当长时期内继续使用的，则应对建筑物进行不同程度的改建；若建筑物经维修、改善和对设备进行更新后仍无法使用，或建筑物密度过大，土地或建筑物的使用不当，或因土地或建筑物的使用不当而造成交通混乱、停车场不足、通行受到影响等情况时，则应对上述问题以相应方式予以解决，如拆除部分建筑物、改变建筑和土地的用途等；若该地区的主要问题是公共服（转下页注）

房。①② 在英国，基于城市复兴和街区复兴的城市发展战略，城市收缩表现在老工业城市收缩、棕地③和废弃的住房等方面。在东欧，多数研究集中在人口减少和去工业化方面，与此同时，中央计划经济体制下长期供应不足导致的历史遗留效应使住房需求仍保持较高水平。对于后社会主义的东欧国家而言，几乎所有的城市和区域政策均朝吸引外国直接投资和增强个别城市竞争力等方面倾斜。④ 在日本，直接导致城市收缩的原因包括低出生率、老龄化、人口从重要的大都市区域迁至郊区、农村经济结构逐步失

（接上页注①）务设施缺乏或布局不当，则应增加或重新调整公共服务设施的配置与布局。整治改善的方式比重建需要的时间短，也可减轻安置居民的压力，投入的资金也较少，这种方式适用于需要更新但仍可恢复并无须重建的地区或建筑物。整治改善不只限于防止其继续衰败，更是为了全面改善旧城区的生活居住环境。③保护。保护适用于历史建筑或环境状况保持良好的历史地区。保护是社会结构变化最小、环境能耗最低的"更新"方式，也是一种预防性措施，适用于历史城市和历史城区。历史城区保护更多关心的是外部环境，强调保护延续城区居民的生活，所以要保护好历史城区的传统风貌和整体环境，保护真实历史遗存。要鼓励居民积极参与建设和改善基础设施，改善居民住房条件，以适应现代化生活的需要。保护除对物质形态环境进行改善之外，还应就限制建筑密度、人口密度、建筑物用途及其合理分配和布局等提出具体的规定。以上虽然可以将更新的方式分为三类，但在实际操作中应当视当地具体情况，将几种方式结合在一起使用。

① Bernt, M., "Partnerships for Demolition: The Governance of Urban Renewal in East Germany's Shrinking Cities," *International Journal of Urban and Regional Research* 33 (3), 2009, pp. 754 – 769.

② Kuhlicke, C., Kabisch, S., Krellenberg, K., Steinführer, A., "Urban Vulnerability Under Conditions of Global Environmental Change: Conceptual Reflections and Empirical Examples From Growing and Shrinking Cities," in Kabisch S., Kunath A., Schweizer-Ries P., eds., *Vulnerability, Risks and Complexity: Impacts of Global Change on Human Habitats* (Göttingen: Hogrefe, 2011).

③ 美国的"棕地"（Brownfield Site）最早、最权威的概念是由 1980 年美国国会通过的《环境应对、赔偿和责任综合法》（Comprehensive Environmental Response, Compensation, and Liability Act, CERCLA）做出的。根据该法的规定，棕地是一些不动产，这些不动产由于现实的或潜在的有害和危险物的污染而影响到它们的扩展、振兴和重新利用。20 多年来，棕地的清洁、利用和再开发问题越来越受到美国联邦、州、各地方政府以及企业和民间非营利组织的极大关注。政府出台了许多政策措施，各相关城市社区和民间组织积极配合，希望以整治棕地为契机，推动城市及区域在经济、社会、环境诸方面的协调和可持续发展。从用地性质上看，棕地以工业用地居多，可以是废弃的，也可以是还在利用中的旧工业区，规模不等，可大可小，但与其他用地的区别主要是都存在一定程度的污染或环境问题。

④ Bontje, M., Musterd, S., "Understanding Shrinkage in European Regions," *Built Environment* 38 (2), 2012, pp. 153 – 161.

衡和社会关系崩溃等方面。①② 在美国，经济结构调整、中心城市收缩和城市蔓延等挑战已成为 20 世纪 70 年代以来许多学者研究的焦点问题。③④ 然而，直到最近一个公开而明确的关于如何促使人口更少的城市稳定、复兴和重获生机的讨论才在北美广泛开展。⑤⑥

　　由此可见，尽管关于城市收缩形成机制的研究成果较为丰富，但缺乏对城市收缩驱动力的系统论证与比较研究，鲜有针对地方和国家实施公共政策时的多维性和复杂的相关性的研究；更为重要的是现有的城市收缩研究还缺少全球视野的理论框架，缺乏对典型国家城市收缩问题政府应对措施的深度比较与分析。

① Buhnik, S., "From Shrinking Cities Totoshi No Shokusho: Identifying Patterns of Urban Shrink-age in the Osaka Metropolitan Area," *Berkeley Planning Journal* 23 (1), 2010, pp. 132 – 155.

② Matanle, P., Soto, Y., "Coming Soon to a City Near You! Learning to Live 'Beyond Growth' in Japan's Shrinking Regions," *Social Science Japan Journal* 13 (2), 2010, pp. 187 – 210.

③ Bradbury, K. L., Downs, A., Small, K. A., *Urban Decline and the Future of American Cities* (Washington D. C. : Brookings Institution, 1982), p. 104.

④ Finkler, E., Toner, W. J., Popper, F. J., *Urban Nongrowth: City Planning for People* (New York: Praeger, 1976), pp. 59 – 70.

⑤ Beauregard, R. A., "Urban Population Loss in Historical Perspective: United States, 1820 – 2000," *Environment and Planning* 41 (3), 2009, pp. 514 – 528.

⑥ Dewar, M., Thomas, J. M., *The City after Abandonment* (Philadelphia: University of Pennsyl-vania Press, 2012), p. 127.

第三章 城市收缩问题研究的现实 依据和历史逻辑假设

兴起、发展、繁荣、衰退，这组通常用来形容城市周期性演化的词语，不仅表明城市是人类文明发展的产物与客观存在，是社会与文化变革的结晶与发动机，其经历一个螺旋式的发展过程，同时也承载了人类文明从农耕劳作、商业交易、工业革命到后工业时代各个阶段历史时空转换的深刻内涵。繁荣与衰退交替正是城市发展的普遍规律。无论是过去、现在还是未来，战争、疾病和自然灾害一直威胁城市的发展，成为城市衰退甚至走向灭亡的客观因素，城市衰退的形成机制也会随着时代与社会的发展趋于复杂化。①

当今世界，城市发展中的两种对立趋势已格外明显：一方面是呈指数增长的亚洲和南美城市；另一方面则是以人口减少为特征的"收缩城市"。两者预示了自工业革命以来较为重要的城市变革②形式。③ 国内外很多学者

---

① Cunningham-Sabot，E.，Sylvie Fol，S.，"Schrumpfende Städte in Westeuropa：Fallstu-dien aus Frankreich und Grossbritannien," *Berliner Debatte Initial* 18（1），2007，pp. 22 – 35.

② 即"城市复兴"理论，这一理论的提出有其历史根源：虽然西欧各国的政治、社会、经济和历史背景条件不同，遇到的问题也有所不同，但西方现代城市发展的基本趋势应该说是一致的。如果按照城市更新及相关理论发展的脉络来进行分析，则可以看到，战后西方城市特别是内城和旧城更新的理论和实践经历了很大的变化，基本上是沿着清除贫民区—邻里重建—社区更新的脉络发展，指导旧城更新的基本理论也从主张目标单一、内容狭窄的大规模改造逐渐转变为主张目标广泛、内容丰富、更有人文关怀的城市更新理（转下页注）

③ 〔德〕菲利普·奥斯瓦尔特：《收缩的城市》，胡恒等译，同济大学出版社，2012，第50页。

认为，城市收缩现象起源于 20 世纪 90 年代的德国，最初表现为城市人口的减少并且伴随着多种因素导致的经济衰退和基础设施的大量剩余，进一步导致城市经济恶化，并认为城市收缩是指城市（镇）地区人口的持续流失，由此引发相应城市（镇）地区经济、社会、环境和文化在空间上的全面衰退。[1][2][3]然而，城市收缩真的起源于德国吗？还是基于历史事件而促使由来已久的城市收缩问题在德国的一次剧烈反应？对于城市收缩问题产生与演化的历史脉络缺乏细致翔实的逻辑分析，这也成为过去数十年里欧美政府城市规划部门单单强调增长模式和增长思维，而将城市收缩等反增长的概念或术语视为政治经济禁忌话题，并且其在特定领域被主流发展趋势所忽

（接上页注②）论。城市的未来就是地球的未来。21 世纪被称为城市世纪，它将证明且被证明：人类注定是一种城市化的生物。城市从来就没有停止变化，城市从来就不是静止的，这种变化也永远不会完结，这种动态的过程将永远根据新的情况进行调整与被调整。在二战的重建阶段之后，西欧国家经历了一个长时间平稳高速的经济增长期，社会呈现一派富足祥和的气氛。作为这个社会的成员，民众可以负担得起更好的居所，消费品的种类和数量都急剧增加，对于高税收的政府来说，公共服务和福利都得到了可观的增长。越来越多的人投身于制造业和日益拓展的服务业，这种美好时光一直持续到 1973 年阿以战争爆发和石油危机出现。在这一时期，失业和经济竞争而引起的产业生产利润降低及社会成本增加，给西欧部分发达国家的中央政府和地方政府带来了前所未有的财政压力，导致公共开支和服务支出削减。不断发展的城市贫困和传统社会经济结构的变更，引发了越来越多的社会问题。与此同时，许多城市特别是那些在 18 或 19 世纪末迅速扩展的工业城市，变得越来越跟不上时代发展的步伐，需要重新进行整合，但它们往往面临高额的投入成本。这些城市面临的其他社会问题也变得愈加明显：在过去二三十年中，社会从来如此关注过经济竞争和城市化所带来的越来越高的环境成本，以及对可持续发展模式的需求。上述这些情况表明，20 世纪后期，西欧的许多城市经历现代史中最为急速的变革。这种变革体现在两个方面。一是城市经济结构的重组使作为制造业中心的城市的作用基本被终结，取而代之的是城市成为第三产业的基地和消费场所。二是逆中心化或郊区化的趋势，这种变化使城市的许多功能从城市中心或内城向城市群转移。这两种变化直接导致许多西欧城市出现了大量建筑和土地被闲置、环境品质下降、失业劳动力增加和随之而来的各种城市问题。这种衰退在那些传统工业城镇、城市甚至区域表现得尤其明显，特别是那些传统上以化工、纺织、钢铁制造、重工业、造船、港口、铁路运输和采矿业为支柱产业的地区。面临衰退，这部分欧洲城市在承受着复杂的经济、社会、物质环境、生态环境和财政问题压力，处理过去遗留下来的夕阳产业的同时，还不得不为投资和经济的增长进行新一轮竞争。

① Oswalt, P., Rieniets, T., *Atlas of Shrinking Cities* (Ostfildern: Hatje Cantz, 2006), p. 31.

② Martinez-Fernandez, C., Audirac, I., Fol, S., Cunningham-Sabot, E., "Shrinking Cities: Urban Challenges of Globalization," *International Journal of Urbanand Regional Research* 36 (2), 2012, pp. 213–225.

③ 徐博、庞德良:《增长与衰退：国际城市收缩问题研究及对中国的启示》,《经济学家》2014 年第 4 期。

视的一个重要诠释。所以，本章按照工业化发展的时代顺序对城市收缩问题的历史脉络进行了尝试性的理论分析与凝练，这不仅有利于正确认识城市收缩问题的客观性与现实性，还将为建立在增长模式下的中国城镇发展规划提供历史与现实的逻辑借鉴。

虽然世界城市发展的"今天"无须在"过去"的线性延长线上，但"现在"毕竟是从"过去"走来。研究城市收缩的历史演化不仅是期望从过去发生的事件中得到启示和借鉴，更重要的还是探讨从过去通向现在和未来的一些历史逻辑。依循发达国家前工业化、工业化和后工业化的时代顺序对城市收缩问题演化的历史脉络进行理论分析与系统梳理，有利于科学认识城市收缩问题的历史性与客观性。

第一节　国际城市收缩问题研究的现实依据

一　社会转型：工业革命与城乡迁移①

工业革命对城市结构产生了重大影响，促使农业社会向工业社会根本

---

① 伴随着社会经济文化的不断发展，家庭之中的性别关系也在延续与转变的彼此较量中呈现不同特征。作为当代中国社会变迁的重要力量之一，城乡迁移对于社会面貌的影响突破了社会经济范畴，延伸至兼具私人性与社会性的家庭领域。迁移的持续推进，不断地消解与重塑家庭之中的性别秩序，并体现为家庭性别分工、夫妻权力关系以及夫妻情感依赖方面的"变与不变"。首先，迁移在一定程度上改变了男性对家务劳动的参与，对女农民工而言，打工者的身份能够使她们跳出家庭照料者的角色定型。其次，打工夫妻之间权力关系也发生了变化。一方面，打工夫妻之间权力的变化体现在随着妻子对家庭经济的贡献日趋凸显，她们使用与控制家庭资源的权力也随之增加；另一方面，通过参与社会经济生活实现平等，促使妻子在家庭事务决策中有更多影响力。处于城市底层的农民工，在工作与生活中都会遭遇不同形式的压力与不公正。最后，打工生活间接影响了男性在情感关系中的支配位置。家庭性别秩序的自我维护体现在变化的婚姻关系中，此消彼长的权力渗透呈现于日常实践，重新塑造家庭生活的互动模式。然而，家庭之中的性别秩序既有厚重的历史文化基础，又在生活互动中被复制和再生产，因此改变的发生并不是一蹴而就的。首先，尽管城乡迁移从客观上改变了农村家庭的分工模式，使女性得以从烦琐的家务劳动中暂时解脱，但是观念的转变远远地滞后于现实。其次，男性巩固支配地位和家长特权的渴望并不容易消解，他们仍不遗余力地维持其支配地位。不难想象，当迁移过程中家庭性别秩序的改变对男性特权构成威胁时，他们会选择不同的方式对挑战做出回应。引自杜平《变与不变：城乡迁移重塑家庭性别秩序》，《中国妇女报》2017年4月25日第12版。

转变，这不仅仅意味着工业化时代的来临，从资本主义与都市生活的关联角度看，工业化还将社会生活与经济发展紧密连接起来。规模经济、财富消费、社会福利等成为描述这个时代显著特征的经典名词，① 最终一些人将这个时代命名为"福特主义"时代。② 由于亨利·福特发明的福特汽车和发动机在全球市场具有领导地位，因此福特主义成为当时生产管理信条的一般概括，这些信条成为工业化时代社会经济进步的评价标准。

　　工业化初期的纺织品与冶金制品的生产工厂主要位于农村或原材料产地，城市在这些地区迅速崛起，如果生产与潜在的贸易结合，那么这些城

---

① Hohenberg, P. M., *The Making of Urban Europe*: *1000 - 1950* (Cambridge: Harvard University Press, 1985), p. 26.

② 福特主义（Fordism）这一词最早起源于安东尼奥·葛兰西，他使用"福特主义"来描述一种基于美国方式的新的工业生活模式，它是指以市场为导向，以分工和专业化为基础，以较低产品价格作为竞争手段的刚性生产模式。20 世纪 70 年代末期，法国调节学派把福特主义作为一种资本主义生产方式的特殊历史形式，从它与社会、经济、政治职能的紧密联系出发，以一个统一的整体加以研究。按照调节学派的观点，福特主义关键性的基础是从一种粗放型的资本积累战略，向一种以泰勒劳动组织和大规模生产消费性商品为特征的密集型资本积累战略的过渡。西方激进学者普遍认为，作为统一整体的福特主义包括以下几个方面。第一，以生产机械化、自动化和标准化形成的流水线作业及其相应的工作组织，通过大规模生产极大地提高了标准化产品的劳动生产率。通过劳动概念和劳动执行的不断分工与再分工，工作任务被分割为小块，由很快即可训练胜任的低技能工人进行。每个工人需完成的工作的速度，由横向分割的科层化管理部门控制的技术系统决定，管理部门实现了对劳动过程的完全控制，工人丧失了对劳动过程的自主性。第二，劳资之间通过集体谈判所形成的工资增长与生产率联系机制诱发了大规模消费，促进了大规模生产的进一步发展。随着美国企业内部劳动过程的变化导致大规模生产的兴起，劳资关系也经历从劳资双方关于工作过程控制权的斗争到后来为保障就业权和工资决定的斗争的演变过程，最终形成了以劳资集体谈判制度为核心的劳资关系新形式。工资的集体谈判和决定、劳动合同的长期性、最低工资的累进增加机制等成为国内需求的重要来源。第三，资本家之间的垄断竞争格局使生产建立在对未来计划的基础之上。专用性机器投资和低技能工人相结合的生产过程提高了资本有机构成水平，通过加速资本周转来降低提高资本有机构成对利润率的影响，促进了企业之间纵向一体化过程，从而在主要行业形成了垄断竞争的市场格局。标准化产品的长生命周期具有很强的可预测性，开辟新需求的突破性技术或产品创新速度是非常缓慢的。第四，凯恩斯主义国家干预政策与福利国家制度，不断熨平经济周期和维持有效需求，调节着大规模生产与大规模消费的良性循环。福利国家制度保证孕妇、病人、退休和失业人员能够得到稳定的收入，与前述劳资集体谈判制度一起促进了大规模消费的稳定增长。第五，在当时美国支配下的布雷顿森林体系和关贸总协定，为发达资本主义国家的积累过程的顺利进行创造了一个稳定的国际环境。参见 Jessop, B., "Recent Societal and Urban Change: Principles of Periodization and Their Application on the Current Period," in Nielsen, T., Albertsen, N., Hemmersam, P., eds., *Urban Mutations-Periodization*, *Scale and Mobility* (Aarhus: Arkitektskolens Forlag, 2004).

市将快速成长。全球第一个工业化城市曼彻斯特成为 18 世纪棉花生产与贸易的中心，技术发明与改良不但优化了棉花的生产流程，还将这座城市带入了工业化的全新阶段，并成为其他工业化国家发展的经典范式。技术改良使它有利可图，机器生产开始代替手工劳动，大工厂开始代替小作坊。

伴随工业化进程的加速，城市发展经历了巨大的转型——城市集聚。因为技术发明与改良促使机器生产开始取代传统的手工劳动，大工厂代替了小作坊，蒸汽机、纺纱技术和平炉炼钢技术的综合影响引发了纺织业和冶金业生产模式和地理布局的重大改变，这势必使一些城市快速增长，即便有些城市增长缓慢，就整体而言，这个时期城市仍然呈现指数化的增长。为了在冶金、棉纺、汽车等制造业工厂寻求工作机会，人们开始从农村迁移到城市。人口大量向城市迁移导致了城市密度的显著增加。同时，铁路的发明将不同的城市和工厂连接起来，这进一步加速了城市的增长。这种人口向工业化城市迁移的景象与当前中国北京、上海等政治、金融中心以及沿海城市的发展状况遥相呼应：大量城乡迁移正在发生，尤其户籍制度的放开必将对此产生深远影响。这种持续的城市集聚导致城市拥挤和内城区环境污染，并且内城区无法继续承受这种压力。因此，城市突破了传统的限制并且对内城区进行了修正和重建，以及对新城区进行了规划和建设。紧随城市集聚的进程，一个反向城市化的进程——郊区化开始了。

二 时代转变：全球化与新自由主义[①]

1960 年爆发的全球性城市危机是发达工业化国家战后经济长期繁荣终

---

① 新自由主义（Neoliberalism）是一种经济自由主义的复苏形式，自 20 世纪 70 年代以来在国际经济政策中扮演越来越重要的角色。在国际政策上，新自由主义指的是一种政治—经济哲学，反对国家对国内经济的干预。新自由主义强调自由市场机制，主张减少对商业行为和财产权的管制。在国外政策上，新自由主义支持以政治手段——利用经济、外交压力或军事介入来打通市场。打通市场意味着自由贸易和国际性的劳动分工。新自由主义支持通过国际组织和条约（如 WTO 和世界银行）对他国施加多边政治压力。新自由主义支持私有化，反对由国家主导的直接干预和生产（如凯恩斯主义）。为了提高公司的效率，新自由主义强烈反对最低工资等劳工政策以及劳工集体谈判的权利。新自由主义反对社会主义、贸易保护主义、环境保护主义以及公平贸易，认为这会妨碍民主制度。最极端的表述是，新自由主义是一种根基于未经管制的贸易和市场的经济意识形态，以及在冷（转下页注）

结的重要标志性信号之一，危机造成的深远影响集中体现在 20 世纪 70 年代中期，世界经济尤其是那些一度繁荣的工业化城市经济进入了大萧条以来的急剧衰退时期。[①]由于经济结构转变以及制造业工厂的高效率运转与市场需求降低之间的现实矛盾，许多工业化城市停止增长，内城区开始衰退。这不仅仅是一个过渡，而是成为一个从以大规模生产、蓝领工人为特征的制造业经济向以技术服务、白领工人为特征的知识经济转变的长期去工业化阶段。

政治地理学家和城市规划专家提出了一个以工业化资本主义城市向后工业化或者信息时代城市转移为特征的城市重新构建设想。这种重构是抛开所谓的城市工业化资本主义的结构安排与思维逻辑的一次根本性转变，这种转变连带 1970 年石油危机、柏林墙倒塌以及 IT、通信技术的发展等历史事件共同标志着全球化时代的来临。[②]

定义全球化并不容易，因为全球化是一个贯穿 20 世纪末期、发生在几乎所有国家或地方、关乎所有城市实践的象征或比喻。但是，我们可以将全球

（接上页注①）战结束后或全球化所提供的商业扩展方面，主张自由市场、自由贸易和不受限制的资本流动，认为这样将能创造出最大的社会、政治和经济利益。这种形式的新自由主义主张将政府的开支、税赋最小化，同时也将政府的管制最小化，并将政府对经济的直接干预最小化。他们主张自由市场的力量将能自然地在许多领域创造出最高的价值。在西方国家，新自由主义主张福利国家制度应该被撤销或民营化。这种形式的新自由主义以全球化来运用全世界的资源：廉价的劳工、原料、市场——尽可能以最有效率的方式来运作，并且要让更多的市场开放，让发达国家参与。不过，新自由主义能被用至相当广泛的层面，这些层面并非与保守政党相连接。这些层面包括撤销政府管制、从企业福利制度转向私营福利制度、从布雷顿森林协定的低贸易量环境转移至高贸易量的货币流通环境，利用相对优势来增加国内生产总值和工资中位数。新自由主义还主张，发展中国家之所以产生腐败问题正是因为国家对市场机制的干涉和管制，例如补助价格、设定工资等。新自由主义在国际政策上的主要竞争对手是新现实主义，新自由主义认为人民、国家以及公司的本质是良善的。相反，新现实主义认为人民和国家都只依照其自身的利益行动，并且认为一国只有在对其自身有利的情况下才会与他国合作。新自由主义者坚持绝对增益（abso-lutegain）的理念也显示其比新现实主义者更加乐观。相较新现实主义，新自由主义能接受国与国之间收益不均的合作行为。

① Soja, E. W., *Postmetropolis-Critical Studies of Cities and Regions* (Oxford：Blackwell Publishers Ltd, 2000), p. 65.

② Soja, E. W., *Postmetropolis-Critical Studies of Cities and Regions* (Oxford：Blackwell Publishers Ltd, 2000), p. 67.

化定义为一个国际化体系，商品、服务、信息、资本和人口的跨国家和跨地区流动已经预示着当代经济活动开始融入全球化。① 将全球化定义为所有市场、国家和技术不可动摇的一体化过程，促使个人、公司和国家参与国际贸易的过程更快捷、更节约。②

后现代主义③、后福特主义④、后凯恩斯主义⑤等术语已经被用来描述

---

① Storper，M.，*The Regional World-Territorial Development in a Global Economy*（New York：Guilford，1997），p. 69.

② Friedman，T. L.，*The Lexus and the Olive Tree*（New York：Anchor Books，2000），p. 104.

③ 后现代主义是一个理论上无法定义的概念，因为后现代主要理论家均反对以各种形式约定俗成的言说习惯来建立、界定或者规范后现代主义。目前，建筑学、文学批评、心理分析学、法律学、教育学、社会学及政治学均就当下的后现代境况，提出了自成体系的论说，各自都反对以特定方式继承固有或者既定的理念。故此，要为后现代主义进行定义是几乎不可能的。从单纯的历史发展角度来看，较早出现后现代境况的范畴主要集中在哲学和建筑学领域，尤其是20世纪60年代以来的建筑师，反对全球性风格（International Style），认为其缺乏人文关注，激发不同建筑师大胆创作，发展出了既独特又多元化的后现代式建筑方案。而哲学界则先后出现不同学者就类似的人文境况进行解说，其中能够为后现代主义准确表述的哲学解说是法国的解构主义。

④ 后福特主义（Post-fordism）是指以满足个性化需求为目的，以信息和通信技术为基础，生产过程和劳动关系都具有灵活性（弹性）的生产模式，它在许多方面具有与福特主义完全不同的特征。后福特主义城市过程是所有变化现象中最明显的。其最终的结构是不管在什么地方，强大的弹性力倾向于空间集中，一些高层次技术变革可能倾向于在企业战略联盟网络中分散，其总特征是在不同国家出现几个技术变革中心，而且这些中心由复杂的专门网络连接起来。①个性化需求大规模定制。随着经济的发展和收入水平的提高，人们对不同类型的产品和服务的需求日益增大。在竞争的压力下，企业必须实现成本的持续下降，而各类企业又必须对日益增长的个性化需求做出反应。大规模定制正好适应了企业必须采取能同时提高效率和满足个性化需求的战略，模块化是大规模定制的一个关键。通过将大规模生产的模块化构件组合并装配成可定制的产品或服务，大规模生产和定制生产这两种生产模式的优势被有机地结合在大规模定制这一生产方式中，在保证企业经济效益的前提下，又满足了用户的个性化需求。②水平型组织形式。与传统的全能型大企业不同，新生产体系通过细化的产业分工，从专业化的角度将原先属于企业内部的职能部门外包出去，使每个企业只专注于某一个部件或产品的一个部分，因而企业的生产过程在很大程度上是通过网络与其他企业相互协调完成的，大企业的垂直管理被水平管理所代替。③消费者主权论。在供大于求的过剩经济时代，需求和消费是制约经济增长的主要矛盾，企业不但不断地运用先进的科技知识去创造新产品和新产业，而且要坚持不懈地进行创新速度的革命。在这种被熊彼特称为"创造性毁灭"的创新竞争中，消费者的潜在消费欲望得到满足，效用获得最大化。而企业通过技术的完善和多功能机器的有效利用保证了足够的利润水平。但由于受到替代品和潜在进入者的竞争，其所取得的垄断地位只能是短暂的，并不能持续下去。④弹性生产。按照"新水桶原理"，企业总是用自己强优势部分与（转下页注）

⑤ 后凯恩斯学派的代表性价值理论是斯拉法价值理论。斯拉法价值理论的贡献在于尝试再建渊源于古典经济学家和马克思的价值分析方法。在李嘉图等古典经济学家的（转下页注）

这种由一个纯粹工业化时代向一个全新的全球化时代的转变。然而，从根本上来说，全球化包含三大核心要素。第一就是商品、交易和对国家产生重大影响的资本的自由流动。第二就是在交通运输与通信领域的科技革命，它们促使某个国家或地区与整个世界的联通更为容易。第三就是全新的国际分工已经改变了跨国公司运营的传统地理模式。[①]三大核心要素形成了全球化较具差异性的特征：资本主义在全球范围的运营无须依附任何具体城

（接上页注④）其他企业的强项相结合，组成灵活的单元或团体。也就是说，企业不再仅仅着眼于修补自己的矮木板，而是将自己水桶中最长的一块木板拿去和别人合作，共同去完成一个容积更大的水桶，然后从新的大水桶中分得自己的一部分，因而有效克服了传统形式只强调僵化的技术分工以及只讲分工不讲整合的缺陷。⑤竞合型的市场结构。在经济全球化格局下，分工和专业协作的程度越来越高，一个企业无论有多雄厚的实力都离不开与其他企业的有效合作。与全盛时期福特主义相比，后福特主义的资本主义社会是一个空间分散的社会。尽管资本的力量已经增长，但它仍然通过企业战略联盟的网络和后福特主义的全球—地方关系呈分散的倾向。中央工会的权力由于国际化、弹性化、城市工人阶级的衰落以及阶级分级分化而逐步被削弱。从事服务的人们由于公共和私人部门更深入的劳动分工进一步分散，联合起来的公共劳动者也日益倾向与出口工业部门组织起来的劳动者相抗衡。这种社会的阶级结构已经分化为三个部分，即①高工资的专业技术人员和熟练工人；②低工资的不熟练工人；③介于两者之间的团体。在这个社会中，福利国家衰落和重建使社会不平衡和个人风险日益扩大。从福特主义到后福特主义，资本主义社会已经发展成为一个"风险型社会"。从空间上来说，资本是一个集聚和分散的复杂现象。全盛时期福特主义的核心—边缘结构已经消失于一个不平衡的发达区域、城市和地方的全球网络之中，表现为一方面是高技术区，另一个方面是全球—地方垂直关系的标准化生产，商品生产已与弹性生产、多区位生产和市场开拓紧密结合在一起。

（接上页注⑤）著作中，剩余是重要的概念。斯拉法认为，李嘉图坚持了劳动价值论，但没有解决统一价值标准问题，马克思也没有解决这一问题。新古典学派用"边际效用"这个主观概念来解释价值更是错误。斯拉法编造了一套"标准合成商品生产体系"，简称"标准体系"，设计出一种"合成商品"来充当价值尺度，他以为这就解决了李嘉图的问题。

由"标准体系"可以得知利润率与工资之间存在此消彼长的关系：R为剩余产品相对价值，由它生产的技术条件决定。利润率越高，工资就越低；反之，亦然。斯拉法体系方程组说明：产量决定于生产过程中的技术关系，而不决定于市场供求之间的相互作用。然而，价格却不决定生产技术，而取决于资本家与工会之间谈判所确定的工资、利润之间的消长。斯拉法还以他的商品价格理论体系表明，商品的价值最终是由劳动决定的。每种商品价格决定的方程都是劳动函数。商品都是由劳动和生产资料的结合生产出来的。后凯恩斯学派认为斯拉法的"还原"原理既坚持了李嘉图的劳动价值论，还解决了马克思从价值到生产价格的"转型"问题。

① Oswalt, P., *Schrumpfende Städte I-Internationale Untersuchung*（Ostfildern-Ruit：Hatje Cantz Verlag, 2004），p. 21.

市或区域。这导致了地方认同感的消失。全球体系的构建过程是一个动态的过程，这个动态的过程将自由市场资本主义传播到世界上几乎每一个国家，而流动经济和领土经济之间的相互作用是这个资本主义世界的一个特征。在这个时代灵活性被视为一个关键因素，无论是企业还是个人都必须适应这种变化，这就昭示着所有国家城市或地区劳动人口的流动性日益增加。

无论是国家还是个人，全球化时代的挑战就是如何才能在保护家庭、提高社区认同感与在全球体系下生存之间找到一个共赢的平衡点。[①] 为了能够使全球和地方相互融合，"Glocal"结合了"Global"（全球）和"Local"（地方），适应不同国家文化的多样性。因此，跨地区的相互联系和作用至关重要。

但是，国家范围的政策制定者和实施者的重要性正在遭遇严重的挑战，作为地方、区域和超越国家水平的政府和社会参与者获取了新的权力。[②] 从20世纪70年代末期以来，新自由主义思潮作为全球化的一个结果或者全球化的一种贡献因素浮出水面。国家已经失去了原有的重要性并且城市经济发展等领域开始较少地依赖国家规划与管理。这意味着曾经作为核心作用的国家现在不再重要了。全球化的初衷是要缩小差距，然而，那些衰退了的福利国家城市仍然依靠地方规划政策，丹麦和美国成为后福利国家发展模式的例证。[③]

促进结构竞争的经济优先权取代了传统的福利主义，领土公平和空间平等以及最具全球竞争性的城市区域和工业地区的再分配优先权取代了以主要空间规划和基础设施建设为特许目标的国家经济。[④] 因此，在通过制定

---

① Friedman, T. L., *The Lexus and the Olive Tree* (New York: Anchor Books, 2000), p. 105.

② Jessop, B., "Recent Societal and Urban Change: Principles of Periodization and Their Application on the Current Period," in Nielsen, T., Albertsen, N., Hemmersam, P., eds., *Urban Mutations-Periodization, Scale and Mobility* (Aarhus: Arkitektskolens Forlag, 2004).

③ Newman, P., Thornley, A., *Urban Planning in Europe: International Competion, National Systems and Planning Projects* (London: Routledge, 1996), p. 74.

④ Brenner, N., "Urban Governance and the Production of New State Spaces in Western Europe 1960 – 2000," *Review of International Political Economy* 11 (3), 2004, pp. 447 – 488.

政策来支持全球经济方面，新自由主义提高了全球资本流动的自由度，同时日益增加的公共服务正在私有化。此外，为了促进资本流动机制的形成，经济领域开始解除管制，贸易壁垒开始被打破，并且工会和福利国家正在遭受严重冲击。

新自由主义意味着除了规划领域外，公私合营模式正在接管传统的公共计划领域，这说明政府治理城市的政策性质已经发生改变。Governance 这个词语试图表明解除管制、私有化和自由化的进程。[①] Government 和 Governance 的区别在于 Government 代表了等级制和中央集权模式的运行状态，而 Governance 指的是一种放权和网络化的引导状态。通过这种转变，权力不再唯一地集中在国家层面，而是基于城市建设中介与国家、市场和文明社会之间的协调，这就意味着一个"弱规划"时代的来临。

三 空间极化：黏性空间与流动空间

由于全球化包含了许多中间层面，因此很难将全球化这样一个如此含糊的概念假设为空间发展的固定结果，[②] 而事实正是全球化导致了世界范围城市空间结构改变，这种改变已经对地方经济产生了严重的影响。在制造业向服务业社会转型的过程中，对于优质劳动力的需求、全球贸易的自由化和对财政金融政策的解除管制又进一步影响了城市的发展结构。社会转型的直接影响就是城市的日趋集聚，这促使经济和劳动力市场结构转变为一种极化结构。但这并不是说可以将全球化视为与全球各地相似的能够产生城市空间结构改变的一个体系，相反，全球化是一个融合地方发展并影响城市社会、经济和政治环境的渐进过程。[③]

城市收缩表明城市增长不再是当代城市社会发展的唯一事件。城市集

---

① Kuhnert, N., Ngo, A. L., "Governmentalizing Planning," in Oswalt, Philipp, eds., *Schrumpfende Städte II-Handlungskonzepte* (OstfildernRuit: Hatje Cantz Verlag, 2005).

② Andersen, H., "ThorGlobalisation, Spatial Polarization and the Housing Market," *Geografisk Tidsskrift*, *Danish Journal of Geography* 102, 2002, pp. 93–102.

③ Andersen, H., "ThorGlobalisation, Spatial Polarization and the Housing Market," *Geografisk Tidsskrift*, *Danish Journal of Geography* 102, 2002, pp. 93–102.

聚嵌于增长的城市空间，同时也发生在其他正在衰退的地区。丹麦 2/3 地区的人口居住在名为"H-CITY"的城市结构下，并且这里的居民数量将在未来若干年持续增长，然而丹麦其余 1/3 地区的居民数量将持续下降。因此，当前的城市结构特征可以被描述为政治经济地理学层面的增长与收缩并存。因为一方面表现为由人口统计和经济集聚而导致的某些城市区域快速增长；另一方面，城市区域的郊区化也正在发生。

人口、工作和资本的持续流动不仅仅包括增长的区域，还包括衰败和废弃的建成区。老工业区和城市郊区因人口减少而正在面临经济发展问题，然而其他地区和城市却正在成为高端价值空间的节点。城市结构是一个持续改变的结构，受到不同时代各方面的影响，并且城市结构的塑造从工业革命以来就已经开始。因此，今天发生的一切与工业化时代并无不同，唯一差别就是这种转型或改变的程度和性质。这意味着当工业化时代向知识经济时代转变时，城市空间结构必然受到影响，尤其是当城市社会结构日趋向市场化方向转型时，城市空间结构的不稳定性和易变性就会显著增加，所以，社会结构改变带来的城市空间变迁从未终结。[1]

因此，最好将当前城市空间的发展描述为增长和收缩交融共存。一些城市学者已经从事这种发展趋势的研究并试图将这种趋势系统阐述且对其概念化。一些地区通过强化它们的战略角色并且在全球范围内成为控制、研发与创新的重要高端价值中心，其他地区则仅仅拥有较低的价值活动而持续收缩。[2] 将高端价值地区表示为"黏性空间"（Sticky Spaces），将其他地区表示为"流动空间"（Slippery Spaces）。黏性空间是一种类似于纽约、伦敦和东京的国际金融中心，这些地区由于不断进行技术创新而能够长期、有效地吸引人才、资本等空间内外优质资源，进而形成文化、产业的集聚空间。

流动空间远离竞争中心，在新科技网络的帮助下，形成常规转移并流

---

[1] Hohenberg, P. M., *The Making of Urban Europe: 1000 - 1950* (Cambridge: Harvard University Press, 1985), p. 28.

[2] Graham, S., "Urban Network Architecture and the Structuring of Future Cities," in Thomsen, Henning, eds., *Future Cities-The Copenhagen Lectures* (Copenhagen: Fonden Realdania, 2002).

向世界其他地区。另外一种流动空间是"机器空间"（Machine Spaces），这些地区通过互联网进行生产和销售。这类地区的典型例子就是外围城市、老工业城市和第三世界城市等。黏性空间将持续增长并且维持它们的优势地位，但是流动空间的未来发展充满疑虑与困惑。[1] 因为与更具劳动成本优势的地区相比，它们更容易失去地方产业的活力与竞争力，并且将廉价劳动力作为流动空间经济发展的唯一优势本身就是一个严峻的问题。

黏性空间、流动空间的发展模式与多个因素关联，其中两大主要因素如下。第一，为了寻求优质的工作生活环境，那些年轻且受过良好教育的人力资源开始向更大的城市流动。第二，城市地区很少依赖外围地区，而是与其他城市地区直接联系。[2] 虽然城市地区的横向联系并不一定意味着外围地区的自发衰退，但是由此产生的结果必然是城市之间的差距越来越大，即便是同一城市内部，发展的不平等也正在加剧。此外，Veltz 也指出集中在少数世界中心的全球金融活动和高科技研究所产生的极化效应为这些国家的城市腹地带来了严重的成本问题，并将这种发展模式定义为"集群经济"，[3] 这种频繁的横向的跨国关联模式彻底地打破了传统的城市腹地纵向关系发展模式，其原因在于企业已经变得国际化和全球化，并免于国家的种种约束，且企业决策的焦点往往立足于商业经济价值而没有更多地考虑国家或地方的社会利益。

四 两极分化：增长与衰退的关系

流动空间和黏性空间的发展模式表明新兴科技地理分布的参差不齐，形成了大都市区的持续增长并且处于绝对主导地位的趋势，这在大都市区和落后的外围地区产生了巨大的断层，一些城市或区域的快速增长建立在

① Graham, S., "Urban Network Architecture and the Structuring of Future Cities," in Thomsen, Henning, eds., *Future Cities-The Copenhagen Lectures* (Copenhagen: Fonden Realdania, 2002).

② Veltz, P., "European Cities in the World Economy," in Bagnasco, Arnaldo, Le Galés, Patrick, eds., *Cities in Contemporary Europe* (Cambridge: Cambridge University Press, 2000).

③ Veltz, P., "European Cities in the World Economy," in Bagnasco, Arnaldo, Le Galés, Patrick, eds., *Cities in Contemporary Europe* (Cambridge: Cambridge University Press, 2000).

其他城市收缩的基础之上。[1] 我们看见的是日益增加的不均衡：国际形势促进了美国、英国和日本等全球城市重要部门的增长，但是这些国家的其他地区正在衰退。

因此，增长和衰退紧密相连。增长和衰退可以被视为一个交互影响的有机体，其特征就是在增长与衰退之间呈现一个永远变化的动态进程。[2] 所以，增长与衰退不能被割裂来看，而是全球化相互依靠的两个方面。这意味着增长与衰退可以被理解为一个多维的两极进程。从规模和范围的角度来看，衰退更像是增长的另一面。这种发展模式有可能在接下来若干年内持续，并且这种增长与衰退的两极特征不可能消失。

描述这种发展模式的方法就是通过将城市发展视为一个增长与衰退的极化过程，城市集聚和分散进程共存于空间、经济、人口等不同维度，因此，衰退与增长共存，绝大多数国家和地区均可观察到衰退和增长共存的两极特征。这意味着无论是在地方、国家还是国际层面，增长和衰退之间由于具有一种张力而无法分开，因此，将区域或城市收缩作为一个孤立的现象去消除是不现实的。然而，这种不同不仅仅发生在城市和区域之间。伴随着经济和人口的分化，世界城市进入了极化社会，与国家平均水平相比，那些落后的、衰退的区域也经常面临过低收入和劣质教育。全球化导致就业变化和收入增长差异化，进而导致增长的不平等，结果就是出现了越来越多的贫困和社会排斥，这种趋势导致世界范围的"空间排斥"[3]。因此，这些城市的增长和收缩进程挑战了福利国家空间平等的发展模式——在增长和衰退地区获取相同"商品"。

在全球化时代，知识和发展是经济增长的核心，这已经带来了劳动力市场的巨大改变。作为一个规律，教育对于获取工作的必要性毋庸置疑，

---

① Sassen, S., *The Global City-New York*, *London*, *Tokyo* (Oxford: Princeton University Press, 2001), p. 29.

② Sassen, S., *The Global City-New York*, *London*, *Tokyo* (Oxford: Princeton University Press, 2001), p. 32.

③ Andersen, H., "ThorGlobalisation, Spatial Polarization and the Housing Market," Geografisk Tidsskrift, *Danish Journal of Geography* 102, 2002, pp. 93–102.

然而，更多的工作需要更多的技能，这意味着许多重复性工作将被更有效率的机器代替或者迁移到其他国家。至少从西方工业城市的现实来看，很多制造业已转移到生产成本更为低廉的第三世界国家。此外，空间极化引起了房地产领域的一个新焦点：在增长区域由于房地产市场需求快速增加房地产领域变得过热，这也导致了社会割裂，因为只有少数富有的人才能承担得起那里高昂的生活成本，但是环境污染、房地产泡沫等问题也同时发生在这些快速增长的地区。

第二节　国际城市收缩问题研究的历史逻辑假设

一　前工业化时代的城市收缩逻辑设想

对于前工业化时代的人类社会而言，国家战争、城市火灾、自然灾害、流行疾病等事件的发生很可能意味着一座城市甚至一个国家从繁荣走向衰落或消亡。基于不同政治势力的武装冲突必然带给人类社会和城市空间以致命的灾难。公元前 149 年，在第三次布匿战争①中，古罗马帝国将迦太基城夷为平地并奴役了当地的居民。公元 15 世纪晚期，由于连年的军事战争而忽视了城市灌溉系统的维持，工业革命前全球最大的百万人口城市吴哥②

---

① 布匿战争（Bella Punica，或译布匿克战争）是古罗马和古迦太基之间的三次战争，名字来自当时罗马对迦太基的称呼 Punicus（布匿库斯）。前 3 世纪开始，两国为争夺地中海沿岸霸权发生了三次战争。第一次布匿战争（前 264 年~前 241 年）主要是在地中海上的海战，开始在西西里岛交战，接着罗马进攻迦太基本土，迦太基被打败。第二次布匿战争（前 218 年~前 201 年）是三次战争中最著名的战争。迦太基主帅汉尼拔率 6 万大军穿过阿尔卑斯山，入侵罗马。罗马则出兵迦太基本土，汉尼拔回军驰援，迦太基战败，丧失全部海外领地，交出舰船，并向罗马赔款。第三次布匿战争（前 149 年~前 146 年）是一场罗马以强凌弱的战争。罗马主动进攻，长期围困迦太基城，最后迦太基战败，惨遭屠城，成为罗马的一个省份——阿非利加行省。布匿战争的结果是迦太基被灭，迦太基城也被夷为平地，罗马赢得了地中海西部的霸权。

② 吴哥王都衰退有若干原因，包括吴哥夺王位继承权而来的王室内争、不停的赋役苛税、王权的衰弱、地方的叛离、印度教思想的窒碍和僵化、小乘佛教的渗透等。其中最大的打击是持续不断对泰国立犹塔雅王朝的抗争行动，使人口剧减，修复老旧水利设施的人手不足，大片都城和众多寺院在数十年之间变成荒芜之地，王朝的经济基础因而动摇，最后终于在 431 前后放弃王都，吴哥王朝从此走向灭亡。

成为废墟。西罗马帝国崩溃后，伴随着迁都君士坦丁堡，古罗马城市经历了严重的人口减少，人口纷纷迁至君士坦丁堡，然而，1204 年，十字军东征[①]残酷地掠夺了这座城市。基于政治或经济条件的转变将导致城市的剧烈收缩，亚历山大、大马士革、罗马、克诺索斯和威尼斯只是类似事件中的部分典型城市；[②] 发生在罗马、伦敦和芝加哥等城市的火灾极大破坏了建筑与生态，1666 年的伦敦大火烧毁了包括圣保罗大教堂在内的城市1/6 的建筑，同时，城市火灾也从根本上改变了城市空间的规划结构[③]。无论是古代还是现代，洪水、干旱、地震、海啸以及火山爆发等自然灾害都对人类生存构成巨大的威胁。公元 79 年的维苏威尔火山喷发彻底埋葬了庞贝古城，1755 年的里斯本大地震摧毁了这座城市；流行疾病的爆发成为威胁人口高密度城市的重大风险因素，密集的人口缩短了病原体传播的距离。无论是 18 世纪的"黑死病"还是 2005 年的禽流感，流行疾病无时无刻不挑战着城市的医疗系统。前工业化时代的城市收缩逻辑设想为：

> 历史逻辑假设 I ：前工业化时代城市收缩的历史逻辑主要是基于战争、自然灾害、瘟疫等具有破坏性和野蛮性的事件导致了经济、政治、社会的深刻变革，进而导致人口减少。

---

① 十字军东征（拉丁文 Cruciata，1096～1291 年）是一系列在罗马天主教教皇的准许下进行的、持续近 200 年的、有名的宗教性军事行动，由西欧的封建领主和骑士对地中海东岸的国家以收复阿拉伯人侵占领的土地名义发动的战争。前后共计九次。当时原属于罗马天主教圣地的耶路撒冷落入伊斯兰教手中，罗马天主教为了收复失地便进行多次东征行动。但实际上东征不仅仅限于针对伊斯兰教，如第四次十字军东征就是针对信奉东正教的拜占庭帝国。十字军在他们占领的地区建立了几十个十字军国家，最大的是耶路撒冷王国，此外还有安条克公国、的黎波里国等。自然，它受到了整个天主教世界累世的传诵，众多随军教士及后世的教会编年史家都在竭力记述此役，赞美基督，对其如神般传诵。同时，这场战争及其后东方拉丁王国的建立，更是影响了整个东地中海格局，如一石激起千层浪，受到各方的强烈关切。拜占庭人、亚美尼亚人、突厥人、阿拉伯人，各种宗教背景，不同地位、出身的史家都在著述陈辞，详述此事，以资借鉴反思。

② Oswalt，P．，Rieniets，T．，*Atlas of Shrinking Cities*（Ostfildern：Hatje Cantz，2006），p. 35.

③ Alagna，M．，*The Great Fire of London of 1666*（New York：Rosen Central，2004），p. 106.

二　工业化时代的城市收缩逻辑设想

（一）工业化、城市化与城乡社会转型

公元 100~1800 年，世界城市人口占总人口的比重波动区间仅为 4.5%~6.0%，[①] 城市经历了数个世纪较为温和的增长。18 世纪 60 年代的工业革命成为城市发展的重要突变点，工业革命超越了人类的自然生理界限，对城市空间结构变革产生了重大影响，促使了农业社会向工业社会的根本转变，这不仅仅意味着工业化时代的来临，工业化还形成了完全异于过去任何时代的空间新秩序。

一方面，工业化极大地促进了城市的扩张，城市开始了真正"化"的过程。[②] 全球平均城市化率呈现 13%（1990 年）、29%（1950 年）和 47%（2000 年）的跳跃式增长，工业化将社会生活与经济发展紧密连接起来，规模经济、财富消费、社会福利等成为描述工业化时代显著特征的经典名词，[③] 最终这个时代被命名为"福特主义"时代。因为福特汽车和发动机占据全球市场的领导地位，所以福特主义成为当时生产管理信条的一般概括，这些信条成为工业化时代社会经济进步的权威评价标准。同时，铁路的发明将不同的城市和工厂连接起来，这进一步加速了城市的增长。

另一方面，工业化带来经济与人口的普遍性增长，但是人们几乎忘记了工业化影响的对立面：农村人口收缩。工业化促使城市中心产生了新的劳动力市场，因为技术发明与改良促使机器生产开始取代传统的手工劳动，大工厂代替了小作坊，蒸汽机、纺纱技术和平炉炼钢技术的综合应用突破了人类的自然生理界限，引发了纺织业和冶金业生产模式和地理布局的重大改变。所以，为了在冶金、棉纺、汽车等制造业工厂寻求工作机会，人口开始从农村向城市大规模迁移，工业城市密度显著增加是以牺牲广大农

[①] 周一星：《城市地理学》，商务印书馆，1995。

[②] 高珮义：《城市化发展学导论》，中国财政经济出版社，2009。

[③] Hohenberg, P. M., *The Making of Urban Europe*：*1000-1950*（Cambridge：Harvard University Press，1985），p. 29.

村社会发展为代价的，农村人口快速收缩，农场和村庄荒废。人口向工业化城市迁移的景象与当前中国北京、上海等政治、金融中心以及沿海城市的发展状况遥相呼应：大量的城乡迁移也正在发生，尤其户籍制度改革的快速推进必将对中国城市空间发展产生深远影响。工业革命初期的城市收缩逻辑设想为：

> 历史逻辑假设Ⅱ：工业革命初期的城市演变历史逻辑主要是基于工业化与城市化对于人类社会空间发展秩序的彻底革新，城市边界的无序外扩与农村人口蜂拥入城同步进行，农村地区废弃，失控的城乡迁移为收缩埋下了隐患。

（二）工业化、郊区化与城市收缩演化

19世纪早期，伴随工业化进程的加速，城市发展经历了巨大的转型——城市集聚。然而，失控的城市化导致了城市住房、医疗等基础设施供给出现尖锐问题，进而对城市人口寿命造成了长期严重的负面影响。1860年，英国农场工人的平均寿命为70岁，然而曼彻斯特纺织工人的平均寿命仅为24岁。[①] 这种持续的城市集聚导致了城市拥挤和环境污染，内城区无法继续承受这种压力。此外，伦敦以及英国其他工业化城市的工人阶级的居所——贫民区产生了巨大的社会问题。[②] 因此，为了应对始料不及的城市急速增长以及恶劣的生存条件，城市发展突破了以防御、掌控为准则的传统规划模式的限制，开始对内城区进行了修正和重建，把降低城市人口密度作为规划目标，同时对新城区进行了规划和建设。因此，紧随城市集聚的进程，一个反向城市化的进程——郊区化开始了，人们离开拥挤的城市向其外围地区迁移。

20世纪中期以来，西方工业化国家快速城市化的进程接近尾声，曾经

---

① Eisinger, Angelus, *Open Citylecture Series* (Eidgenössisch Technische Hochschule, Zürich, Switzerland, 2009), p. 26.

② Engels, F., *The Condition of the Working Class in England* (London: Penguin Classics, 2006), p. 20.

仅限于某些地区或特定历史时期发生的城市人口减少转变为广泛且长期的城市收缩过程。郊区化意味着经济、财政和人力持续流出城市中心而转向城市外围地区。1950～1960 年，西方工业化国家主要的人口减少城市数量增加到近 100 座，西方工业化国家收缩城市占据了所有收缩城市的 75%，收缩城市的数量从 20 世纪 70 年代的 235 座增加到 20 世纪 80 年代的 250 余座的巅峰。[①] 郊区化进程对日本、澳大利亚等几乎所有工业化国家的人口、社会和空间均产生了重大影响。工业化时代的城市收缩逻辑设想为：

> 历史逻辑假设Ⅲ：工业化带动了城市基础设施的建设，是城市向郊区快速蔓延的重要先决条件。中产阶级的形成、家庭汽车的普及、低息资金的运用以及高速公路网的建立等因素极大推进了城市郊区化发展的进程，内城区面临城市收缩。

三　后工业化时代的城市收缩逻辑设想

（一）去工业化、产业转型与城市收缩

20 世纪 50 年代，由于经济结构转变以及制造业工厂的过剩供给与市场需求不足之间的现实矛盾，许多工业化城市，尤其是那些率先工业化的重要城市停止了增长，内城区开始衰退，比如英国的格拉斯哥、利物浦、曼彻斯特，德国的鲁尔区、萨尔地区，美国的底特律、扬斯敦。这说明率先出现在中欧国家的城市收缩演变遵循了与早期工业城市发展相一致的地理路径。同时，这也意味着城市发展进入一个以大规模生产、蓝领工人为特征的制造业经济向以技术服务、白领工人为特征的知识经济转变的长期去工业化阶段。

去工业化对城市劳动力市场造成巨大冲击，工业化时代的空间秩序——工业城市增长，农村地区收缩——面临严峻挑战。产业结构调整困境、城

---

① Rieniets，T.，"Shrinking Cities：Causes and Effects of Urban Population Losses in the Twentieth Century，" *Nature and Culture* 4（3），2009，pp. 231 – 254.

市土地租金增加、工资成本提高等因素遏制了传统老工业城市的发展活力，人口持续流失。知识和发展是经济增长的核心，这已经导致了劳动力市场的巨大改变。作为一个规律，教育对于获取工作的必要性毋庸置疑，然而，更多的工作需要更多的技能，这意味着许多重复性工作将被更有效率的机器代替或者迁移到其他国家①。至少从西方工业城市的现实来看，很多制造业已转移到生产成本更为低廉的第三世界国家。因此，一个以工业化向后工业化或者信息时代转移为特征的城市应重新构建。② 这种重构是抛开城市工业化资本主义的结构安排与思维逻辑的一次根本性的转变，这种转变连带 1970 年石油危机、柏林墙倒塌以及 IT、通信技术的发展等历史事件共同标志着全球化新秩序时代的来临。早期工业化城市收缩逻辑设想为：

　　历史逻辑假设 IV：基于机器自动化、高科技制造业以及先进服务业的发展，城市工业与传统农业能够提供的就业机会减少，制造业必然向第三产业转型，由此引发一些著名工业化城市地位的上升或下降，同时，大量制造业工人从发达国家流向发展中国家以寻求更多的就业机会，从而注定了早期工业化城市剧烈收缩。③

（二）全球化、空间极化与城市收缩

　　人口、商品、信息、资本的跨国家和跨地区流动已经预示着当代城市经济活动开始融入全球化过程，④ 而全球化本身又将深刻影响城市社会空间格局与人口等要素流动。将全球化定义为所有市场、国家和技术不可动摇的一体化过程，促使个人、公司和国家参与国际贸易的过程更快捷、更节

---

① Friedman, T. L. , *The Lexus and the Olive Tree*（New York：Anchor Books，2000），p. 112.

② Soja, E. W. , *Postmetropolis-Critical Studies of Cities and Regions*（Oxford：Blackwell Publishers Ltd，2000），p. 68.

③ 徐博、庞德良：《增长与衰退：国际城市收缩问题研究及对中国的启示》，《经济学家》2014 年第 4 期。

④ Storper, M. , *The Regional World-Territorial Development in a Global Economy*（New York：Guilford，1997），p. 71.

约。[①] 后现代主义、后福特主义、后凯恩斯主义等术语已经被用来描述这种发生在由一个纯粹工业化时代向一个全新的全球化时代的根本转变。

然而，从本质上来说，全球化包含三大核心要素。第一就是商品、交易和对国家产生重大影响的资本的自由流动；第二就是在交通运输与通信领域的科技革命，它们促使某个国家或地区与整个世界的联通更为容易；第三就是全新的国际分工已经改变了跨国公司运营的传统地理模式。[②] 三大核心要素形成了全球化较具差异性的特征：发达国家在全球范围的运营无须依附任何具体城市或区域。这导致了地方认同感的消失。尽管全球化是产生城市收缩的重要因素，由此带来的经济转型也并没有以相同的方式影响所有国家和城市，但是全球化带来的冲击力对每一个收缩城市的影响具有普遍的共性。

全球化导致了社会空间极化，贫穷和富裕、天堂和地狱成为众多国家城市命运的经典诠释。社会转型的直接影响就是城市的日趋集聚，这促使经济和劳动力市场结构转变为一种极化结构。但这并不是说可以将全球化视为与全球各地相似的能够产生城市空间结构改变的一个体系，相反，全球化是一个融合地方发展并影响地方城市社会、经济和政治环境的渐进过程。城市收缩表明城市增长不再是当代城市社会发展的唯一事件。城市集聚嵌于增长的城市空间，同时也发生在其他正在衰退的地区。当前的城市结构特征可以被描述为政治经济地理学层面的增长与收缩并存。因为，一方面表现为由人口统计和经济聚集而导致的某些城市区域快速增长；另一方面城市区域的郊区化也正在发生。

人口、资本的持续流动不仅仅包括增长的区域，还包括衰败和废弃的建成区。[③] 老工业区和城市郊区因人口减少而正在面临经济发展问题，然而其他地区和城市却正在成为高端价值空间的节点。城市结构是一个持续改变的结构，受到不同时代各方面的影响，并且城市结构的塑造从工业革命

①　Friedman, T. L. , *The Lexus and the Olive Tree* (New York: Anchor Books, 2000), p. 112.
②　Oswalt, P. , Rieniets, T. , *Atlas of Shrinking Cities* (Ostfildern: Hatje Cantz, 2006), p. 35.
③　Beauregard, R. A. , *Voices of Decline-the Postwar Fate of U. S. Cities* (Oxford: Blackwell, 1993), p. 59.

以来就已经开始。① 因此，今天发生的一切与工业化时代并无不同，唯一差别就是这种转型或改变的程度和性质。这意味着当工业化时代向知识经济时代转变时，城市空间结构必然受到影响，尤其是当城市社会结构向日趋市场化方向转型时，城市空间的不稳定性和易变性就会显著增加。所以，社会结构改变带来的城市空间变迁从未终结。② 全球化时代城市收缩逻辑设想为：

> 历史逻辑假设 V：全球化是一部既无方向，又无法控制，兼具革命性与破坏性的机器，③ 正是基于全球化的双重性，世界城市社会空间秩序再次重建。世界范围的新劳动分工、产业转移、经济结构软化等经济因素加上社会极化分层、家庭结构调整、出生率下降、人口老龄化等社会因素必然形成城市空间发展的分散力与聚合力，然而城市的增长与收缩正是两种力量长期博弈的结果。

四　城市收缩逻辑设想的提炼

（一）经济结构的调整

随着工业化和全球化在世界范围内的开展，原有的贸易路线开始改变，工业、资本、劳动力也随之迁移。老工业基地集中反映了集聚经济的缺点，比如土地和劳动力的高成本和新增业务空间的缺乏。同时，技术创新也使企业越来越自由，交通和资源对区位的影响力下降，越来越多企业搬出了老工业基地。这些大规模的经济结构改变造成了欧洲地区的"去工业化"，典型城市如英国的伦敦、曼彻斯特、利物浦、伯明翰、格拉斯哥、谢菲尔

---

① Soja, E. W., *Postmetropolis-Critical Studies of Cities and Regions* (Oxford: Blackwell Publishers Ltd, 2000), p. 71.

② Hohenberg, P. M., *The Making of Urban Europe: 1000 – 1950* (Cambridge: Harvard University Press, 1985), p. 31.

③ 〔美〕威廉·格雷德：《资本主义全球化的疯狂逻辑》，张定淮等译，社会科学文献出版社，2003，第 9 页。

德和纽卡斯尔等。在撒切尔主义盛行的时代，^① 利物浦的就业率下降了18%。到了 20 世纪 90 年代，失业率随着利物浦制造业基础被破坏和市区人口外迁而飞速上升。工作的缺乏和社区的瓦解导致了人们的贫困和健康情况的恶化。另外，美国的"锈带"也属于这一情况。

（二）社会人口结构的改变

社会人口结构的改变重要的表现形式即人口的老龄化和家庭结构的变迁。伴随人口老龄化、生产能力和需求下降，城市也会因人口增长和经济增长乏力而出现收缩，这一点在德国等欧洲国家十分普遍。而日本也因全国性人口老龄化、人口自然增长率下降，再加上不少年轻人在就业的吸引下移入工作机会更多、生活水平更高的大城市，从而使不少城镇面临收缩的局面。

（三）城市空间结构的改变

城市空间结构改变和城市人口下降是互相影响的。在美国，"白人群飞"（White Flight)^② 和"汽车文化"（Car Culture）是导致美国大城市郊区化的两个重要原因。一定程度上，促使了中心城区的衰退和城市的无序蔓延，使城市的居住环境大打折扣，人们也随之迁移。还有学者认为城市扩张和人口减少可以并存，如英国的利物浦和德国的莱比锡。其间伴随着城市形态和城市政策的变化。

---

① 撒切尔主义（Thatcherism）是在新工党执政前主宰英国政坛 20 余年的思想。"所谓撒切尔主义是指撒切尔夫人上台后在保守党内出现的一股占统治地位的'新右派'势力的意识形态，是当代西方'新自由主义'与'保守主义'的混血儿。"它一方面坚持新自由主义的自由市场经济理论，另一方面却又主张新保守主义的文化右翼纲领政策。它反对建立在凯恩斯经济学和对福利国家支持之上的"共识政治"，是更为广泛的，从某种程度上说是国际性的反对平等主义和集体主义倾向的一部分。在对待平等问题上，撒切尔主义非常明显地表现出对不平等现象的漠视，或者是对这种现象的积极支持。提出"社会不平等天然就是错误的或有害的"这一观点是"天真的和不合情理的"，平等主义的政策（特别是苏共所遵循的）只能创造出一个单一的社会，而且这些政策只能借助专制力量来推行。在撒切尔主义的主宰下，经济上的不平等现象越来越严重，进而导致了在社会地位和其他领域的不平等。

② White Flight，"白人群飞"，是指 20 世纪 60 年代，在结束种族隔离制度后，黑人和白人混居。由于黑人学生学术表现差、犯罪率高，或者有白人家长所认为的劣等品质，白人如同候鸟群飞一样，纷纷离开大都市中的学校，搬到黑人住不起的郊区。

（四）资源的枯竭

资源枯竭型城市的萎缩和衰落是常见的现象，也是资源耗尽后可以预见的结果。矿业城市一般都会依赖一个城市中具有统治地位的矿产公司来发展，而国际矿产市场的起落决定了公司的命运甚至城市的盛衰。气候条件、知识教育、卫生服务以及交通运输是影响矿业城市生活方式的重要因素，对矿业城市人口的变化产生重要影响。当国际能源资源市场出现大的变动，或者城市本身的资源即将耗尽时，只有成功地抓住机会进行转型才能使城市高质量地收缩甚至增长。

（五）政治的因素

城市收缩现象集中在民主德国所辖区内。这一地区的城市大多出现于19世纪开始的德国工业化时代，并在二战结束以后随着民主德国的重建策略进行了较大的调整。1989年民主德国和联邦德国合并后，民主德国人口开始大量迁入联邦德国各州。在20世纪90年代中期国际分工进一步加强的趋势下，德国许多制造业企业开始向原材料和人力成本更加低廉的发展中国家转移，从而进一步导致了新联邦州地区的工业城市产业功能全面萎缩和人口迅速减少。另外，行政区划的调整也可能造成一些城市人口减少。

总之，从城市收缩问题历史演化逻辑的内在关系来看，无论是前工业化、工业化还是后工业化时代，人类社会生产力与生产关系的矛盾运动导致了城市发展过程中的诸多问题。生产力的快速发展促使人类通过先进的工具、技术等手段拓展并改变城市社会的发展空间。生产关系主要体现在能够适应生产力的发展，满足人类对生存安全、经济利益、政治权衡等的需要方面。生产关系如果无法适应生产力的发展，城市就将面临不同程度的衰退。战争掠夺、城市扩张、产业转型得益于生产力发展水平的不断提高，而生产关系调整的优劣直接影响城市地区发展的稳定与否，进而影响到人口的流动与迁移。城市收缩问题历史演化的五个逻辑关系根植于不同时期人类文明在经济、政治、社会等方面的深刻变革。兴起、发展、繁荣、衰退，这组通常用来形容城市周期性演化的词语，不仅表明城市是人类文明发展的产物与客观存在，是社会与文化变革的结晶与发动机，其演变过程是一种螺旋式的发展过程，同时也承载了人类文明从农耕劳作、商业交易、工业革命到后工业时代各个阶段历史时空转换的深刻内涵。战争、疾病和自然灾害一直威胁着城市的发展，城市边界的无序蔓延依然是许多国家城市发展中的难题。无论是工业化还是后工业化时代，区域间经济发展的不平衡是全球经济社会发展中的普遍问题，全球化又会加剧这一问题，繁荣与衰退交替和并存必然成为城市社会发展的普遍现象，只不过城市衰退的形成机制必将随着时代与社会的发展日趋复杂多样化，这种复杂多样化的城市发展问题也正是城市经济与社会学研究的目的所在。

第四章　德国莱比锡城市收缩问题研究

　　收缩的城市来自德语"Schrumpfende Städte",因为德国在20世纪90年代经历了严重的人口减少并引发一系列经济社会问题。在21世纪的前10年里,德国东部的闲置房屋已经达到2000年100万套峰值的2倍,[①] 城市收缩带来了巨大的负面影响,这引起了德国政府规划部门的关注,并重新审视城市规划工具和指导模式的适应性。此后,其陆续被英美国家的学者关注并被翻译为"Urban Decline"、"Urban Shrinkage"或者"Urban Shrink"等。可以看出,城市收缩现象起源于德国,最初表现为城市人口的减少并且伴随着多种因素导致的经济衰退和基础设施的大量剩余,进一步导致城市经济恶化。显然,对于欧洲国家尤其是德国城市收缩的探索无疑成为城市收缩成因、影响及政策研究的逻辑起点。

　　选择德国莱比锡作为案例城市进行研究基于以下几个方面考虑。首先,莱比锡为欧洲国家收缩城市中人口减少最严重的城市,大量文献资料认为城市收缩现象源自德国。其次,莱比锡经历了从繁荣到衰退到人口再增长的发展过程,许多迹象表明莱比锡进入再城市化阶段。再次,莱比锡位于欧洲东西向与南北向的重要商业要道上。1880年工业化以来,以印刷业为主导产业的莱比锡进入了人口快速增长期。从中世纪的商业中心到19世纪的工业中心,乃至20世纪初期国际著名的商贸展览中心,莱比锡一直是德国乃至欧洲中部

---

① Hall, P. G., Pfeiffer U., *Urban Future 21: A Global Agenda for Twenty-First Century Cities* (England: Taylor & Francis, 2000), p. 161.

重要的工业与贸易城市。[①] 此外，莱比锡还在德国众多城市中具有极为重要的行政功能：1871 年国家最高法院和国家图书馆的建成就是最佳的证明。1915 年，莱比锡中央车站正式运营，它是欧洲最大的终点站，连接德国乃至欧洲的大部分城市。最后，20 世纪 30 年代，化工、采矿和能源将莱比锡与哈勒这对城市紧密联系在一起，共同形成区域范围的工业大都市和德国中部工业中心，这也体现出国家社会主义加强化工业建设的军事战略。1933 年，莱比锡的居民人口达到 71.3 万人，成为继柏林、汉堡和慕尼黑之后的德国第四大都市。[②]

　　然而，从 20 世纪 60 年代开始，莱比锡经历了漫长的城市收缩过程。1989 年，东欧剧变对民主德国的经济制度与社会结构造成了巨大冲击，去工业化、产业结构调整、人口迁往联邦德国等问题加速了民主德国人口的流失。从 1989 年至 1998 年，莱比锡人口减少总计 10 万人，占其总人口的 20%。人口减少带来了市政预算减少，住房、公共排污、运输、教育和健康医疗等基础设施大量闲置等众多社会经济问题。所以，从 1999 年开始，针对城市收缩问题，莱比锡政府采取了一系列改革措施。通过城市治理与改革，城市居民持续流失问题得以解决，尤其是 2005 年以来，莱比锡城市人口取得了统计上的显著增加，成为德国少数收缩城市中再城市化的典型代表，莱比锡不再是一个收缩的城市，已然成为德国少数收缩城市中再城市化的典型代表。然而，城市收缩依然是当前莱比锡发展的一个重要议题，即因为长期以来的城市收缩对莱比锡未来的经济发展与社会进步产生了深远的影响。人口老龄化和家庭结构的改变也许正在酝酿新一轮的城市收缩。为此，本章选择了莱比锡作为德国城市收缩研究的案例城市。

第一节　莱比锡城市收缩的历史逻辑验证

　　导致这一时期莱比锡城市收缩的原因包括政治经济变革、去工业化、

---

①　Grimm F. D. , "Return to Normal-Leipzig in Search of Its Future Position in Central Europe," *Geo-Journal* 36 , 1995, pp. 319 – 335.

②　Grundmann L. , Tzschaschel S. , Wollkopf M. , *Leipzig ein Geographischer Führer durch Stadt und Umland* (Leipzig: Thom Verlag, 1996), p. 11.

政府城市设计、人口老龄化、郊区化等。但是为了细致研究莱比锡人口减少的历史演化与内在逻辑，下面将重点从以下几个方面进行分析。

一 政治经济变革与莱比锡城市收缩

1930 年世界经济危机爆发后，大量移民潮水般涌入莱比锡。1933 年，莱比锡居民达到 71.3 万人的历史最高水平，人口的快速膨胀让莱比锡开始勾画百万人口大都市的宏伟蓝图。[①] 然而，1938 年的"水晶之夜"行动成为莱比锡人口增长终结的标志性事件。纳粹军队摧毁了城市中几乎所有的犹太人教堂，1.7 万名德国犹太人在午夜被德国政府强行驱逐出境，导致莱比锡大量知识分子与文化精英流失。作为二战前德国五大城市之一的莱比锡，无论是在国内还是在国际都具有强大的经济影响力。但是，这场纳粹军队的侵略显然对德国的政治和经济的发展造成了深远的影响。

二战后，莱比锡的影响力大幅减弱，其人口减少超过 10 万人，占 1933 年历史最多人口的 14%。[②] 1949 年德国分裂为苏占区的德意志民主共和国和美英法占领的德意志联邦共和国。作为民主德国[③]一部分的莱比锡丧失了许多统一时期的国家功能。国家最高法院迁至卡尔斯鲁厄（位于德意志联邦共和国），国家图书馆搬至法兰克福。许多全国性和区域性的银行总部和出版单位也离开莱比锡，迁至法兰克福、慕尼黑和汉堡等联邦德国城市。

---

① Grundmann L., Tzschaschel S., Wollkopf M., *Leipzig ein Geographischer Führer Durch Stadt und Umland*（Leipzig：Thom Verlag, 1996），p. 12.

② Grundmann L., Tzschaschel S., Wollkopf M., *Leipzig ein Geographischer Führer Durch Stadt und Umland*（Leipzig：Thom Verlag, 1996），p. 15.

③ 德意志民主共和国，通称民主德国，是存在于 1949 年到 1990 年的一个中欧社会主义国家。1949 年 10 月 7 日在德国苏占区成立，首都为东柏林，实行社会主义制度和计划经济体制。民主德国位于现今德国的东北部，与捷克斯洛伐克、德意志联邦共和国（也称联邦德国）、波兰人民共和国接壤，北部为波罗的海。该国被大多数人视作苏联的一个卫星国。民主德国人口的很大一部分不认同国家的政治和经济体制，1953 年发生了"六一七事件"，苏联驻德部队参与了镇压。成立初期面临严重的人口外逃问题，在 20 世纪 50 年代有 270 万名民主德国居民由于政治或经济因素非法越境到联邦德国。除建立德国国内边境外，1961 年民主德国政府沿西柏林边境修建了柏林墙以阻止民主德国居民通过西柏林逃往西方，并对越境者加以射杀。另外，民主德国的国家安全部"史塔西"对整个社会的异见者和社会活动进行严密的监控和压制。

由于民主德国的市场缩小以及出版印刷业的严格审查制度，莱比锡试图在民主德国维持其领导地位的目标未能实现。莱比锡城市的招牌行业贸易博览会也失去了许多西欧的潜在顾客，莱比锡不得不重新调整策略以适应东部欧洲的市场需求，然而一系列事件必将引发人口的持续流失。

对政治体制的不认同以及经济体制苏维埃化的特有问题导致民主德国居民普遍感到不满，"六一七事件"的爆发是这种不满情绪的集中释放。1953 年，民主德国经济陷入困境，政府当局依照苏联模式强制进行重工业和农业集体化的社会主义建设，加之战争赔款等事件共同导致了国家政治经济局势混乱。为此，民主德国政府大幅削减职工福利待遇和劳动补贴等各项财政开支，增加个体业主的税收。从 1953 年年初开始，每月逃往联邦德国的难民增加到数万人。5 月 28 日，民主德国政府宣布全民所有制的工业企业额定工作量提高一成，但并不提高工资。政策发布后引起民众的强烈不满，而政府当局把这种不满视为阶级斗争尖锐化的必然规律。6 月 16 日，东柏林爆发了工人罢工，17 日这场罢工迅速蔓延到莱比锡等其他城市和地区。后来，这场基于经济问题的工人连续罢工事件转变为一场血腥的政治行为，民主德国政府联合苏联利用坦克、军队进行镇压的处理方式显然不是解决矛盾症结的根本办法。

整个 20 世纪 50 年代，莱比锡人口持续流失，迁往联邦德国部分城市或地区，并且人口以年轻并接受过高等教育的高技能人群为主。1961 年为了遏制民主德国人口持续迁往联邦德国，在苏联政府的授意下，民主德国在东柏林的一侧修建了世界著名的柏林墙，其成为冷战的标志性建筑。虽然柏林墙的建立暂时缓解了人口的持续外迁，但是 1951 年至 1989 年，莱比锡迁出人口仍高达 5.8 万人，主要迁往联邦德国的新兴工业化城市。[1] 1989 年至 1990 年东欧剧变时期，莱比锡发生了大型集体示威，主要是因为居民对工作环境和生活条件的强烈不满，加之生态恶化、环境污染等因素共同导致人们在柏林墙倒塌之后迫切地离开莱比锡，涌向联邦德国。1990 年德国

---

[1]　Grundmann L. , Tzschaschel S. , Wollkopf M. , *Leipzig ein Geographischer Führer Durch Stadt und Umland*（Leipzig：Thom Verlag, 1996），p. 25.

统一后，移民进一步迁往德国西部城市和地区。从图4.1中可以看出，仅仅在1989年和1990年就有约3万人离开莱比锡，虽然其后的趋势有所减缓，但势头依旧强劲。所以，由于德国分裂带来的深远影响，1990年的莱比锡城市人口与20世纪30年代相比缩减了1/4。[1]

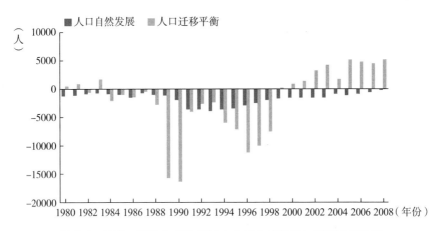

图4.1　1980～2008年莱比锡城市人口自然发展与迁移平衡情况

莱比锡城市收缩的历史逻辑验证Ⅰ：20世纪50年代至20世纪80年代末期，莱比锡经历了长期的城市收缩。政治经济变革改变了莱比锡城市发展的节奏，也改变了人们传统的生活习惯与工作方式，这种政治经济体制的深刻变革还导致了城市功能、城市地位的"沦丧"，苏联政治经济模式的简单复制并没有从根本上改善民主德国人民的工作生活条件，更没有带领工人阶层走上富裕道路，这种忽视民众利益而单纯追求政治权力稳定的政治诉求显然不符合历史发展规律，在自由主义观念的驱使下，莱比锡居民迁往联邦德国也就成为必然选择。

二　工业化、去工业化与莱比锡城市收缩

一战后，莱比锡和哈勒城市周围工业区共同形成了德国中部工业区，涌现一批大型工业建筑群，其产业集群效应及影响力遍及欧洲大陆乃至世

① Rink, D., Haase, A., Bernt, M., "Work Package 2: Urban Shrinkage in Leipzig and Halle, the Leipzig-Halle Urban Region, Germany," *Shrink Smart*, 2010.

72

界，即便是在民主德国时期，这一区域也常常被视为化工三角。20 世纪 20
年代至 30 年代，莱比锡成为德国中央焦煤集团、信贷银行集团和李贝克·
康采恩的总部所在地，莱比锡也随之成为这个区域的行政中心与商贸节点。
20 世纪 20 年代的莱比锡 - 哈勒国际机场、30 年代的哈勒 - 德累斯顿高速公
路以及艾斯特 - 萨勒运河等城市基础设施的建设将该区域的枢纽城市连接
起来。到了 20 世纪 30 年代，莱比锡人口达到 73.3 万人的历史最高水平。[1]
20 世纪 20 年代至 30 年代，国家社会主义和军事战略促使大量人口集中在
莱比锡和哈勒周围的化工城市或地区。德绍、埃斯彭海因和波伦等具有重
要战略意义的城市成为英美的空袭目标，这也在一定程度上解释了莱比锡
以 25% 的建成区破坏程度逃脱了城市破灭悲剧的原因。[2] 战争过后，这些年
轻的城市与莱比锡一道开始了长期的衰退和收缩，工业体制的苏维埃化和
大拆除运动导致大量熟练劳动力向联邦德国迁移。即便是最后一波抵达莱
比锡的西里西亚难民中的大部分人也仅仅将这座城市当作继续西迁的一个
跳板。

　　基础工业体系建设成为民主德国成立后经济发展的核心目标，莱比锡、
哈勒注定成为民主德国主要工业集聚区，同时莱比锡等德国中部工业城市
仍然承担能源供应者的任务。焦煤、能源等依然是原料普遍匮乏的民主德
国在战略上的重要原料，但是由于缺乏露天采矿技术、配电站以及焦煤化
工厂的现代化创新投资，焦煤产业发展受到较大制约。基于褐煤开采表现
出的低廉价格和简易流程，民主德国试图通过自给自足的褐煤开采方式满
足能源的供应。[3] 但是，莱比锡煤炭的主要构成以褐煤为主，褐煤是煤化程
度最低的一种矿产煤，在空气中具有极强的化学反应。褐煤的大规模开采
以及缺少过滤装置对莱比锡地区的自然与文化景观造成了严重的负面影响，

[1] Grundmann L., Tzschaschel S., Wollkopf M., *Leipzig ein Geographischer Führer Durch Stadt und Umland* (Leipzig: Thom Verlag, 1996), p. 31.
[2] Rink, D., Haase, A., Bernt, M., "Work Package 2: Urban Shrinkage in Leipzig and Halle, the Leipzig-Halle Urban Region, Germany," *Shrink Smart*, 2010.
[3] Berkner A., "The Lignite Industry and the Reclamation of Land-developments in the Rhenish, Central German and Lusatian Mining Areas Since 1989," in Mayr A., W. Taubmann, eds., *Germany Ten Years after Reunification* (Leipzig: Institut für Länderkunde, 2000).

化工三角成了毁坏生态环境的代名词。二氧化碳、粉尘、重金属超标造成的居住条件恶化和严重环境污染加速了莱比锡的人口流失，莱比锡也因此被称为欧洲最脏的地方。1989 年至 1990 年民主德国政权瓦解时期，莱比锡发生了大规模的游行抗议活动，生态灾区、城市萎缩成为抗议活动的主要标语。整个 20 世纪 80 年代，生产技术落后显然成为莱比锡地区半数以上工业企业倒闭的主要原因之一，这同时也引发了 1990 年开始的快速而影响深远的去工业化过程。

莱比锡城市收缩的历史逻辑验证Ⅱ：莱比锡去工业化的过程主要体现在德国统一后几年内，煤炭等传统产业开始衰退，老工业基地成为城市弃管的"棕色地带"。政府寄希望于第三产业的发展来对冲去工业化的负面效应，但政府显然低估了去工业化对城市收缩在强度和结果上的深远影响。20 世纪 90 年代的前三年，德国东部工厂大幅裁减人员，制造业企业大规模倒闭，80% 的工作岗位被裁撤，仅莱比锡就有近 9 万个岗位受到去工业化的影响，区域内劳工市场丧失 3 成以上的就业机会，失业率大幅攀升，人们为了寻求更好的就业机会纷纷离开莱比锡，从而加剧了城市收缩问题。[①]

三 民主德国时期城市设计与莱比锡城市收缩

二战对德累斯顿、汉诺威和柏林等城市造成了毁灭性的打击，城市建筑等基础设施基本毁损，但莱比锡逃脱了城市物质空间全部破灭的悲剧，大量始建于 19 世纪和 20 世纪早期的城市建筑得以保留。然而，不同政治经济制度的转变等一系列复杂问题对莱比锡这座看似幸运的城市提出了巨大的挑战和艰难的抉择，这些历史建筑密集区为何持续面临人口减少问题，以及人口减少引发的严重住房空置问题？为了厘清莱比锡苏维埃模式城市设计和城市收缩的关系，对特定背景下城市建设中的基本理念和逻辑思路的梳理就成为寻求答案的一个关键切入点。

德国分裂后，民主德国与苏联等社会主义国家一样，城市建设的基本

---

① 〔德〕菲利普·奥斯瓦尔特：《收缩的城市》，胡恒等译，同济大学出版社，2012，第 15 页。

前提就是要消除阶级矛盾，从形式和内容上建立高度发达的社会主义城市物质空间。民主德国统一社会党第九次代表大会的宗旨是要将新住宅建设与已有城市住宅的更新结合起来，建筑空间布局要同社会主义生产生活方式相协调，同时指出城市建设中的更新、改造、维护是相互补充而非排斥的关系。此外，为了节约政府投资、能源消耗和原材料，减少民主德国多层和高层住宅楼的建设数量是城市规划的一项艰巨任务。根据民主德国城市规划预测，到 1990 年，城市半数以上的住宅更新，可见，民主德国城市建设的初衷是将住宅问题视为所有社会问题的核心。

然而，与城市更新相比，民主德国的城市住房政策是在社会主义规则基础上的国家设计，其规划目标是要打造社会主义建筑风格的城市，因此规划思维更加偏向在城外新建住房以提供更多的居住空间，但是，由于缺乏财政资金支持，城市更新计划或被推迟或被取消，民主德国忽视了工人阶级居住区的更新与改造，这种忽视所带来的问题也成为后社会主义时期莱比锡城市规划与建设的核心难题。[1][2]　工人阶级居住区大多位于莱比锡城市中心，民主德国没有对这些条件恶劣的住所进行翻新，而是在远离城市中心的郊外大规模新建预制高层住宅区。在内城，一些具有纪念意义的建筑成为民主德国对城市历史遗产管理消极态度的牺牲品。同时，那些原上流阶层的住宅区也被无情地忽视而任其衰败。

莱比锡城市收缩的历史逻辑验证Ⅲ：民主德国在处理内城更新和外城住房建设的政策实践上显然偏离了前文提到的城市规划的宗旨和任务。从 20 世纪 60 年代莱比锡市中心的战后重建到 70 年代对历史建筑的保护处理再到 80 年代城市建设的集约化发展，莱比锡内城设计显然是基于社会主义计划经济的思想分阶段开展与实施的，是一种上层建筑的城市设计思维与

① Häussermann H. , "From the Socialist to the Capitalist City: Experiences from Germany," Cities after Socialism, in Andrusz G. , Harloe M. , Szelenyi I. , eds. , *Urban and Regional Change and Conflict in Post-Socialist Societies* (Oxford: Blackwell, 1996).

② Lang T. , Tenz E. , *Von der schrumpfenden Stadt zur Lean City: Prozesse und Auswirkungen der Stadtschrumpfung in Ostdeutschland und deren Bewältigung* (Dortmund: Dortmunder Vertrieb für Bau-und Planungsliteratur, 2003), p.98.

中央集权理念的真实体现。虽然莱比锡内城的改造与更新以及外城的大型新建开发区得到居民的一定认可，但是外城与内城表现出显著差异的设计理念和原则。

城市外围的建设基于舒适度与自然景观的有机结合，并且外城新区强大的多功能性令其以表现为一个"自由城"而独立存在，这显然割裂了内城和外城的整体性。所以，基于财政、能源节流、提高容积率等方面考虑的社会主义理想化的住房建设并没有充分地考虑居民对宜居环境等因素的真实需求，民主德国在郊区新建高层住宅以安置工人阶级的做法与英国清理贫民区的做法具有高度的相似性，然而在城市治理理念上对内城更新改造疏忽造成的影响显然要比英国注重内城更新的政策实践产生的影响更为严重和深远，这也是政治经济体制不同或者说政治变革引发的效应在城市发展中的深刻体现。民主德国的住房政策直接造成内城人口减少和随之而来的住房空置问题，也为20世纪90年代早期大规模城市郊区化的过程埋下了隐患。

四　莱比锡城市收缩历史逻辑验证的阶段总结

通过表4.1可以看出，莱比锡城市收缩的原因主要体现在全球化、去工业化、资本外流、经济转型、郊区化等方面，这与第三章提出的城市收缩形成机制逻辑假设相吻合。尽管阶段性研究表明验证与假设具有一致性，然而莱比锡经历了政治变革以及城市发展所依托的政治经济体制转换过程，其中城市收缩的原因能否成为一般性规律或有别于其他国家城市收缩的逻辑还有待进一步研究和考证。

表 4.1　莱比锡城市收缩历史逻辑假设与验证对比

逻辑假设	政治变革	全球化	去工业化	基础设施	资本外流	经济转型	人口结构	人口外迁	老龄化	郊区化	政府治理
莱比锡验证	◆	◆	◆	◆	◆	◆	◆	◆	◆	◆	◆

注：◆代表假设与验证具有一致性。

第二节 城市收缩对莱比锡的影响

人口结构、住房需求、基础设施、土地利用等多个方面对莱比锡城市发展产生了影响，比如城市收缩改变了学龄人口与老龄人口的分布比例、住房供应不足到供给过剩的转变、基础设施的闲置、市政收入减少、棕地再开发困境等。对于莱比锡而言，在城市收缩带来的众多影响中，又以对人口结构与住房需求的影响更为深远，所以本部分重点从这两方面进行分析。

一 人口结构问题

人口结构是基于社会、文化、经济、政治以及人类自身发展的历史产物，反映了特定地域、时间等包括年龄结构、城乡结构、职业结构等在内的人口总量中各个异质性数量比例的关系。对莱比锡人口结构的研究，有利于分析、预测人口结构的变动趋势以及追踪城市收缩的进程。

首先，从人口总量及其变化趋势来看，莱比锡经历了 1933 年至 1998 年长达 65 年的人口持续减少过程。莱比锡人口从 1933 年的 71 万人下降到 1998 年的不到 44 万人的历史最低水平，1999 年以来人口才表现为温和增长的态势[①]，这也在一定程度上验证了后文论述的莱比锡城市收缩问题治理效果。此外，1989 年对德国而言是一个历史性的转折点，柏林墙倒塌[②]标志着

---

① Rink, D., Haase, A., Bernt, M., "Work Package 2: Urban Shrinkage in Leipzig and Halle, the Leipzig-Halle Urban Region, Germany," *Shrink Smart*, 2010.

② 1989 年 5 月，在匈牙利社会主义工人党宣布放弃执政党地位，实行多党制；波兰统一工人党与团结工会达成实行议会民主的协议，正在为即将到来的大选做准备的时候，匈牙利开始拆除通往奥地利边界的铁丝网，打开了民主德国居民经匈入奥逃往联邦德国的缺口。在第二次世界大战结束后，欧洲的政治地图被划定了。但是在 1989 年这张地图经历了在首次划定之后影响最为深远的变动。人民群众自发的不满和愤恨情绪吞没了东欧一系列国家的政权，并冲击和动摇苏联阵营中的国家所确立的立国根本。许多人涌入东欧国家首都的大街上，要求进行民主改革。在公民明显不可阻挡的和平抗议潮流下，一个接一个的华沙条约组织成员国的政府开始摆摆并倒下，这些国家包括波兰、匈牙利、捷克斯洛伐克、保加利亚和民主德国。由于北大西洋公约组织在 1990 年 7 月发布的伦敦宣言中以官方的身份宣布承认：华沙条约组织不再代表对西方构成威胁的军事组织，苏联领导人戈尔巴乔夫在国内的境遇越来越困难，尽管他和美国的乔治·布什总统以及英国、联邦德国政府都保持着亲密的关系，可以说在很多方面戈尔巴乔夫是东欧剧变的推动者。

民主德国的瓦解。1989 年以前的人口缓慢减少与之后的人口剧烈收缩促使
1989 年成为莱比锡城市发展的重大转折点，这也正是本书研究的兴趣所在。
人口减少包含人口自然改变与人口迁移两个方面的因素，莱比锡自 1989 年
以来的人口减少也包含人口自然改变和人口迁移两个方面因素，但更主要
的是基于人口的大量外迁，并且那些外迁的人口主要为年轻人和具备良好
技能的工人，而那些老龄人口和缺乏技能的人则留在莱比锡。人口老龄化
与家庭结构的改变等其他因素又进一步降低了生育率，进而加剧了人口的
收缩。此外，值得注意的是，莱比锡的人口减少趋势在 1999 年发生了逆转，
人口陡然增加（由莱比锡城市一体化合并战略推动），此后人口缓慢增加。
截至 2008 年本研究统计期，莱比锡人口达到 51.5 万人，人口减少趋势几乎
停止，这无疑为莱比锡城市收缩治理政策及政策效果的分析提供了良好的
证据。[①] 图 4.2 展示了莱比锡 1933 年至 2008 年城市人口的演化轨迹。

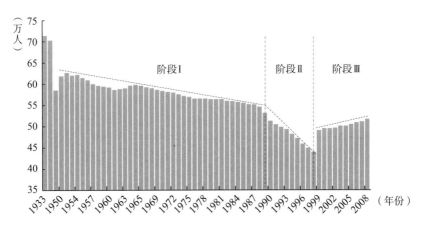

图 4.2 1933 ~ 2008 年莱比锡城市人口数量

资料来源：Rink, D., Haase, A., Bernt, M., "Work Package 2：Urban Shrink-
age in Leipzig and Halle, the Leipzig-Halle Urban Region, Germany," *Shrink Smart*,
2010。

其次，莱比锡的城市收缩对人口的年龄结构产生了深远影响，因为城市
收缩不仅改变了学龄人口的数量结构以及对学校的需求数量，更为重要的是

---

① Rink, D., Haase, A., Bernt, M., "Work Package 2：Urban Shrinkage in Leipzig and Halle,
the Leipzig-Halle Urban Region, Germany," *Shrink Smart*, 2010.

还改变了老龄人口的比例以及其对社会医疗保障等基础服务设施的需求。表4.2 提供了莱比锡 1990 年至 2006 年不同年龄段人口比例的详细数据。可以看出，0~14 岁的人口比例从 1990 年的 17% 下降到 2006 年的 9.9%。65 岁以上人口比例从 1990 年的 15.5% 增加到 2006 年的 21.8%。平均年龄从1990 年的 40 岁提高到 2006 年的 43.9 岁。此外，人口老龄化指数反映了莱比锡老年人口数与少儿人口数的相对比值，即与每 100 名 0~14 岁少儿人口数相对应的 65 岁以上的老龄人口数。从表 4.3 中可见，莱比锡人口老龄化指数从 1990 年的 91.5 上升到 2006 年的 218.7，这一数值依然逼近日本、意大利等发达国家水平。学龄人口的减少导致对学校数量的需求降低，进而促使地方政府开始考虑学校系统的合理配置与整顿重组问题。同时，65 岁以上的老龄人口数量的增加必然为城市的社会服务与健康医疗带来沉重的负担。随着人口数量及年龄结构的改变，政府公共管理的思维与实践也必然随之转型以适应这种变化趋势。[1]

表 4.2 1990~2006 年莱比锡人口年龄统计

类别	1990 年	1995 年	2000 年	2006 年	单位
0~14 岁（%）	17	13.8	11.2	9.9	百分比
15~65 岁（%）	67.5	69.8	70.6	68.3	百分比
65 岁以上（%）	15.5	16.4	18.2	21.8	百分比
0~14 岁/15~64 岁（%）	25.2	19.8	15.9	14.6	百分比
65 岁以上/15~64 岁（%）	23	23.5	15.7	31.9	百分比
65 岁以上/0~14 岁 *（%）	91.5	118.3	161.7	218.7	—
平均年龄（岁）	40	41.8	43.8	43.9	岁
65~79 岁（人）	57600	55500	68300	85200	个
80 岁以上（人）	21900	21500	21300	25100	个
65 岁以上（人）	79500	77000	89600	110300	个

注：*代表人口老龄化指数。

最后，城市收缩改变了莱比锡的家庭数量和结构。1989 年至 1998 年，

---

[1] Kabisch, S., Steinführer, A., Haase, A., Groβmann, K., Peter, A., Maas, A., "Demographic Change and Its Impact on Housing," *Final Report for the EUROCITIES Network*, 2008.

家庭数量从 24.9 万户下降到 22.8 万户，与同期人口数量 18% 的下降幅度相比，家庭数量的 8% 降幅相对温和。从 2000 年开始，家庭数量再次增加，截至 2007 年，尽管人口数量并没有表现为显著的增加，但是莱比锡家庭数量达到 307900 户，超过 1989 年的家庭数量。同时，1971 年以来，单身家庭数量逐渐增加，而 3 人家庭的数量却逐年减少，尤其自 1995 年以来，3 人及以上家庭数量急速减少（见图 4.3）。据不完全统计，2000 年，单身家庭住房实际租用数量约为 3.5 万户，以 35 岁以下年轻人为主，到了 2006 年这个数值增加到 6.5 万户。此外，从家庭住房数量结构角度来看，1995 年 31% 的莱比锡市民居住在 3 人及以上家庭住房，13% 的市民居住在 4 人及以上家庭住房，然而到了 2007 年，这两个比例分别下降到 14% 和 5%。2007 年，单身家庭和 2 人家庭住房占据了莱比锡整体家庭住房数量结构的 85% 以上。[①]

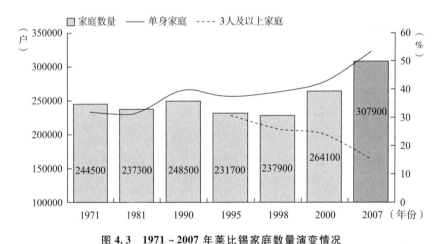

图 4.3　1971～2007 年莱比锡家庭数量演变情况

城市收缩影响了莱比锡的人口数量和家庭数量结构，越来越多的家庭不生育孩子是城市收缩的主要表现之一，家庭规模的缩小又进一步影响了城市的住房需求。1982 年，由 Short 提出的生命周期的不同阶段与空间需求的关系理论为我们提供了一个解释人口迁移的内在机制。从表 4.3 中可以看出，2/3 的迁移都与空间需求的改变有关，而居住空间的需求恰恰与生命周

---

① Rink, D., Haase, A., Bernt, M., "Work Package 2: Urban Shrinkage in Leipzig and Halle, the Leipzig-Halle Urban Region, Germany," *Shrink Smart*, 2010.

期所经历的不同阶段相互关联。此外，衡量住房市场成熟的标准之一就是针对住房需求变化的敏感程度不同而迅速提供与之对应的住房，进而容纳处于生命周期不同阶段的不同家庭。显然，莱比锡的人口结构和家庭规模转变的直接后果就是越来越少的人口经历生命周期的全部过程，换言之，对于部分家庭来说，阶段 1 至阶段 5 的经历消失了，生命周期与各阶段住房需求的对应关系也就不复存在。所以无论政府采取何种住房更新政策，这都在一定程度上成为后文莱比锡政府历经数十年的住房更新，住房空置率却仍然居高不下的深层解答。

表 4.3　生命周期不同阶段的住房需求对应关系

生命周期阶段	住房需求/愿望
1. 没有孩子阶段	相对便宜、位于市中心的公寓
2. 生育孩子阶段	在靠近公寓区的地段租赁一栋独立住房
3. 养育孩子阶段	在新开发的郊区购买新住房
4. 孩子离家独立时	与阶段 3 相同，或迁至更高档的地区
5. 孩子离家后	以住房稳定为特征
6. 晚年时	养老机构/公寓/与孩子住在一起

资料来源：Short, J. R., *Housing in Britain：The Postwar Experience*（London：Methuen, 1982），p. 51。

二　住房空置问题

住房空置率及其产生的效果依赖当地的一些特点。这些特点包括可用住房的类型和质量、市政服务的水平、社会经济问题的严重性以及历史建筑和公园等基础设施的质量。[1][2] 民主德国时期的住房建造是一种基于苏维埃计划经济体制下国家投资和政府规划的城市发展设计，其着力点全部集

---

[1]　Gordon, C., *Mapping Decline：St. Louis and the Fate of the American City*（Philadelphia Pa：University of Pennsylvania Press, 2008），p. 42.

[2]　Schatz, L., *What Helps or Hinders the Adoption of "Good Planning" Principles in Shrinking Cities? A Comparison of Recent Planning Exercises in Sudbury, Ontario and Youngstown, Ohio*（Waterloo：University of Waterloo, 2010），p. 41.

中在城市边缘预制住房的大规模建设，而内城大多早期兴建的多层住宅成为民主德国时期城市发展逻辑的牺牲品。① 民主德国时期的城市规划实践导致内城因住房严重缺乏修护而带来居住条件和环境恶劣等问题，连同去工业化、经济结构转型等因素一起导致城市住房和人口的二元分布结构，内城表现为大量居民住房闲置的空心化城市结构（Perforated Urban Fabric），而城市郊区或远郊以及联邦德国则成为人口的流入地。

20 世纪 90 年代初期以来，莱比锡城市区域空置住房表现为明显不均衡的分布特征，内城空置住房的特点主要表现为宜居住房的极度匮乏和恶劣的住房条件，并且半数以上的住房兴建于 1918 年，缺乏维护是一个极其严重的问题，许多住房甚至没有浴室和独立的卫生间。此外，兴建于民主德国时期的城市外围预制住房也注定成为高比例空置住房。到了 2000 年，莱比锡空置住房数量达到 6.3 万套，占城市住房总量的 20%，并且这些空置住房的 70% 因建筑年代久远而大面积老化，普遍面临缺乏维护导致的居住条件恶劣等问题。② 空置住房的影响主要表现为以下几个方面。

首先，高企的住房空置率不仅增加房屋所有者的维护成本，更为重要的是还对附近地区的土地价值产生影响。因为空置住房降低了周围地产的价值，由此形成的趋势带有扩散效应。如果目标建筑 300 英尺（相当于 91.44 米）以内存在空置住房或建筑，那么处于圆心的这些目标建筑将贬值 7000 美元，如果住房空置范围扩大到 300 ~ 450 英尺（相当于 91.44 ~ 137.16 米），则目标建筑贬值 3000 美元。③ 此外，空置建筑更为严重的问题是它加剧了内城的进一步衰退。④ 随着空置建筑增加，当地零售和社会活动

① Marcuse, P., "Gentrification, Abandonment and Displacement: Connections, Causes and Policy Responses in New York City," *Journal of Urban and Contemporary Law* 28, 1985, pp. 195 – 240.

② Rink, D., Haase, A., Bernt, M., "Work Package 2: Urban Shrinkage in Leipzig and Halle, the Leipzig-Halle Urban Region, Germany," *Shrink Smart*, 2010.

③ Bass, M., Chen, D., Leonard, J., Leonard, J., Mueller, L., Cheryl, L., McCann, B., Moravec, A., Schilling, J., Snyder, K., "Vacant Properties: The True Costs to Communities," *National Vacant Properties Campaign*, 2005.

④ Bernt, M., "Partnerships for Demolition: The Governance of Urban Renewal in East Germany's Shrinking Cities," *International Journal of Urban and Regional Research* 33 (3), 2009, pp. 754 – 769.

也将随着人口基数和社会服务需求的减少而逐渐停止，从而加速该地区进一步衰退。[1]

其次，高比例的住房空置问题压低了市场租金价格，一项调查表明，1998 年和 2001 年的房地产市场整体租金下降。[2] 尽管租金降低有利于租户减少生活成本，但是高企的空置率导致了投资极为匮乏、邻里效应弱化以及基础设施废弃等问题，这些问题给住房和城市发展模式的改变带来了诸多负面影响。2000 年以来，许多德国东部城市，无论是公有还是私人房屋，所有者丧失房产抵押赎回权的数量都日益增加。对于住房所有者而言，无论是整体出租还是部分出租，只要住房正在被租用，他们就要承担住房财产税、保险费、清洁费和供暖等所有支出，住房所有者每年需要花费大约 1860 欧元来支付 60 平方米空置住房的费用，德国东部房产的拥有者每年由此带来的损失总计 1.1 亿欧元，他们处理这些空置住房的能力也极为有限。尽管低房价可能被视为增加住房和地区稳定的有利条件，但是它经常加速该地区的衰退进程。[3][4]

再次，对于缺乏吸引力的城市区域，高空置率也具有间接或直接的邻里效应。空置率的一个重要影响就是增加了不同区域家庭个体的流动性。从理论上讲，住房的供应或租金成本对家庭个体的流动性影响较小。但是这种优势对于中等收入家庭而言存在严格的前提条件：只有当住房设施齐备且经过现代化更新时，分布在不同区域的住房租金差异才不显著，然而在相反的条件下，住房租金水平的差异仍然显著。低收入家庭对住房的选择也因此受到制约。由于市场租金的引入、快速增长的私有住房份额以及个体家庭偏好程度的增强，无论是城市或地区内部还是不同城市或区域之间，社会经济和空间结构的极化效应都随之产生。

---

① Rybczynski, W., Linneman, P. D., "How to Save Our Shrinking Cities," *Public Interest* 135, 1999, pp. 30 – 44.

② Städt Leipzig, "Stadtentwicklungsplan Wohnungsbau und Stadterneuerung Beiträge zur Stadtentwicklung 30," *Leipzig*, 2001.

③ Haller, C., Liebmann, H., "Vom Wohnungsleerstand zum Stadtumbau," *Berliner Debatte Initial* 13（2）, 2002, pp. 34 – 49.

④ Glock, B., "Schrumpfende Städte," *Berliner Debatte Initial* 13（2）, 2002, pp. 3 – 11.

最后，已经受到高空置率和人口减少影响的地区所面临的额外不利条件就是不断衰退的社会基础设施。基础服务过低需求引发了一个自我延续过程，公共和私人服务不仅缺乏效率，还产生高昂的成本。如果各项基础设施的供应者试图通过减少维护开销来减少损失，那么基础设施将退化并导致更多人口离开这一区域，家庭的外向流动将导致这个区域评级进入一个不断累退的下行周期，其根本原因就是持续增加的住房空置率、建筑和基础设施的不断退化，从而进一步恶化本已存在的问题，这也是"莱比锡城市困境"的重要诠释之一。

第三节　莱比锡城市收缩治理的政策分析

通过上文分析可知，政治经济体制转换、去工业化等因素导致了莱比锡城市收缩，人口持续外流对莱比锡城市的影响集中体现在住房空置、内城环境恶化、基础设施退化、城市地位下降等方面。1989 年和平革命以后，德国于次年重新统一，针对城市收缩带来的诸多负面影响，德国政府开展了一系列城市复兴改革。为了与利物浦城市收缩治理分析思路保持一致，接下来笔者仍然基于时间的顺序，以 2000 年为界，将 1990 年以来政府对莱比锡城市收缩治理政策分前后两个阶段进行梳理。以 2000 年为界主要是考虑到城市复兴的政府投资到政策效果呈现具有一定时滞性，一个周期便于本书的观察与分析。此外，通过前后两个阶段的细致观察试图梳理政府城市收缩治理逻辑与规划实践的连续性与转变过程，进而希望构建一个可以和利物浦城市收缩治理比较的架构。

一　第一阶段：增长思维、政治信心、公共投资与 20 世纪 90 年代莱比锡城市收缩治理政策分析

1989 年和平革命时期，由城市居民、工商业主等组成的数以千计的市民走上莱比锡街头，集体抗议民主德国政府的高压强权政策及其对边境地区的严厉封锁，莱比锡也就此成为第一座反对民主德国的城市。同年 10 月

9 日，民主德国政府动用了军事武装力量试图控制局面，但是面对数百万名游行市民，民主德国政府束手无策，最终和平抗议活动愈演愈烈并激发了整个民主德国境内的大规模游行示威。11 月柏林墙倒塌，1990 年德国统一。虽然德国统一后莱比锡面临严重的城市收缩问题以及由此引发的一系列经济和社会发展困境——去工业化带来经济结构调整、就业导向的人口外迁、内城住房破败陈旧、宜居住房严重匮乏、私有住房比例较低、环境污染以及机场、医院、道路等基础设施投资不足，但是，民主德国瓦解和德国统一似乎为城市工业现代化、城市更新以及重新树立莱比锡在德国乃至欧洲的城市地位提供了无限机遇。处于欧洲中部的莱比锡显然是具有连接东西部城市或国家的战略性城市之一，联邦与地方政府及投资者希望利用莱比锡与大多数中欧国家城市在传统政治经济方面的伙伴关系快速进入并抢占欧洲中东部新兴市场，形成与柏林、布拉格、华沙、维也纳、布达佩斯等城市强势竞争的局面。所以，在一片欢呼声中，政府对包括莱比锡在内的德国东部城市发展政治、经济的信心提高和乐观情绪空前高涨。从 20 世纪 90 年代初期开始，为了推动城市快速发展、恢复城市竞争地位，以国家补贴和政府投资为主导的城市复兴战略在莱比锡等德国东部城市迅速推广。

与德国东部其他城市情形相似，莱比锡政府在德国统一初期并非不知道城市收缩现象，但没有正视这一问题，认为即便是人口减少也是后社会主义转型的短期现象，几年内便会消失，增长导向的城市规划与发展思维仍然占据主导地位。[①] 本书以 2000 年为界对"20 世纪 90 年代以来莱比锡及其地区大规模投资统计（投资规模大于 2 亿欧元）"的总投资额进行了排列（如表 4.4 所示），试图从投资项目、投资总量与投资结构三个方面探究政府城市治理的思路以及政府投资与私人投资的协调关系。

首先，从投资项目来看，政府 20 世纪 90 年代初期的投资主要集中在新莱比锡展览会、医学中心、技术基础设施（煤气、电、水）、各类传媒——城市更新相关项目、德国电信等领域，其中城市北部边缘的新莱比锡展览

---

① Florentin, D., Sylvie F., Hélène R., "La Stadtschrumpfung ou Rétrécissement Urbain en Alle-magne: un Champ de Recherche Emergent," *Cybergéo*, 2009.

会获得了 20.6 亿欧元的最高投资，这也是政府基于莱比锡素有"展览会之母"的盛誉而对这个城市招牌产业进行的战略投资。同期私人大规模投资项目仅有万乐邮购公司和施科伊迪茨酒店。2000 年以来，政府公共投资领域包括城市隧道、莱比锡大学和医院等。同期大型私人投资包括宝马、保时捷 2 家汽车制造公司和敦豪 1 家物流公司。其次，就投资总量而言，20世纪 90 年代大规模投资总额为 100.9 亿欧元，其中公共投资为 90.9 亿欧元，私人投资为 10 亿欧元，公共投资是私人投资的 9 倍。2000 年以来，公共投资为 11.14 亿欧元，与 20 世纪 90 年代公共投资相比减少了 79.76 亿欧元，减少幅度为 88%。同期私人投资从 10 亿欧元增加到 19.8 亿欧元，私人投资额整体将近翻一番。最后，在投资结构层面，20 世纪 90 年代政府公共投资占总投资额的 90%，私人投资占总投资额的 10%。城市边缘投资为59 亿欧元，多于城市内部投资额 41.9 亿欧元，其中城市边缘政府投资占83%，私人投资占 17%。同期，城市内部投资 41.9 亿欧元全部为政府投资。2000～2014 年，政府公共投资占总投资额的 36%，私人投资占总投资额的 64%。城市边缘投资为 19.8 亿元，依然多于城市内部投资 11.14 亿欧元，但是私人投资占据城市边缘投资的全部份额，与之相对，城市内部投资额仍然全部为政府投资（见表 4.5）。

表 4.4　20 世纪 90 年代以来莱比锡及其地区大规模投资统计
（投资规模大于 2 亿欧元）

单位：亿欧元

项目内容	投资性质	区域方位	时间周期	总投资
新莱比锡展览会	公共投资	城市边缘	1993～1995 年	20.6
医学中心	公共投资	城市边缘	1992～1996 年	15
技术基础设施（煤气、电、水）	公共投资	城市内部	1993～1994 年	10
各类传媒——城市更新相关项目	公共投资	城市内部	1993～1996 年	9
德国电信（Deutsche Telekom）	公共投资	城市内部	1992～1995 年	5.8
万乐邮购公司（Quelle）	私人投资	城市边缘	1992～1995 年	5
施科伊迪茨酒店（Schkeuditz）	私人投资	城市边缘	1992～1996 年	5

续表

项目内容	投资性质	区域方位	时间周期	总投资
中央车站、莱比锡购物中心	公共投资	城市内部	1996～1998 年	2.6
媒体－城市	公共投资	城市内部	1998～2002 年	2.5
宝马汽车制造公司（BMW）	私人投资	城市边缘	2002～2005 年	14
城市隧道	公共投资	城市内部	2005～2012 年	9
敦豪物流公司（DHL）	私人投资	城市边缘	2006～2008 年	3
保时捷汽车制造公司（Porsche）	私人投资	城市边缘	2000～2009 年	2.8
莱比锡大学和医院	公共投资	城市内部	2004～2014 年	2.14

注：表中仅统计投资规模在 2 亿欧元以上的估算数据。

资料来源：Rink, D., Haase, A., Bernt, M., "Work Package 2: Urban Shrinkage in Leipzig and Halle, the Leipzig-Halle Urban Region, Germany," *Shrink Smart*, 2010。

表 4.5　20 世纪 90 年代至 2014 年莱比锡及其地区大规模投资结构情况

单位：亿欧元，%

时间周期	公共投资	私人投资	城市边缘投资	城市边缘投资（政府）	城市边缘投资（私人）	城市内部投资	城市内部投资（政府）	城市内部投资（私人）
20 世纪90 年代	90.9	10	59	49	10	41.9	41.9	0
2000～2014 年	11.14	19.8	19.8	0	19.8	11.14	11.14	0

时间周期	公共投资份额	私人投资份额	城市边缘投资份额	城市边缘投资份额（政府）	城市边缘投资份额（私人）	城市内部投资份额	城市内部投资份额（政府）	城市内部投资份额（私人）
20 世纪90 年代	90	10	100	83	17	100	100	0
2000～2014 年	36	64	100	0	100	100	100	0

注：根据表 4.4 整理而得。

　　从上述三个层面的分析可以看出，在德国统一后 10 年里，大额公共投资成为莱比锡城市恢复发展的主导，公共投资总额远远超过私人投资总额。在投资结构层面，城市郊区成为投资主要方向。一方面表现为 20 世纪 90 年代城市边缘投资为 59 亿欧元，占投资总额的 58%；另一方面政府以 83% 的城市边缘投资份额远超 17% 的私人投资份额。政府的城市治理逻辑是希望通过大规模公共投资带动私人投资，进而促进莱比锡城市复兴。此外，莱比锡外围地区涌现了大量新建住房成为德国统一后短短几年内政府城市规划行为的又一显著特征。基于 1990 年以来人口大规模外迁的现实问题，政府的城市治理哲学是在郊区为外迁的人口提供尽可能多的居住机会，至少保证莱比锡区域内人口不会剧烈减少。[①] 然而，政府大规模投资的城市复兴战略并没有取得控制人口减少、降低住房空置率的预期效果，为此莱比锡政府于 1999 年实施了城市郊区一体化的方案。德国中央政府决定将大约 10 座郊区城市纳入莱比锡都市区，莱比锡当局在没有提出任何政治经济要求的情况下完全接受了这一决定。从统计学角度看，这种政府行为的合并立刻为莱比锡增加了逾 5 万名居民，同样的方式也发生在德累斯顿和开姆尼茨等人口严重减少的城市。[②]

二 第一阶段城市治理逻辑与效果评价

无论是诸多理论文献还是政府报告都在传达一个核心观点：一座城市或相应区域走向衰退的征兆就是这里的人口不再增加、经济停滞及其国际地位不断下降。所以整个 20 世纪 90 年代，莱比锡政府通过实施大规模投资、城市外围住房扩建以及城市郊区一体化合并等治理措施试图恢复莱比锡昔日的城市功能与政治经济地位。在评价莱比锡政府大规模投资政策的效果前，我们有必要先来明确两个问题，一个是政府投资和私人投资的概念，另一个是政府投资和私人投资的关系。在西方国家，政府投资与私人投资总是同时出现并是被各个领域的专家、学者广泛探讨的概念。一般意义而言，政府投资又称公共投资，主要是为满足社会公共需求，促进社会经济持续稳定发展，以国家财政补贴或地方政府出资的形式来实现民生、通信、交通等各项公共基础设施建设和服务，促进国民经济各部门协调有

---

① Herfert, G. , Röhl, D. , "Leipzig-Region zwischen Boom und Leerstand," in Brake, K. , Dangschat, J. S. , Herfert, G. , eds. , *Suburbanisierung in Deutschland Aktuelle Tendenzen* (Opladen, Wiesbaden, 2001).

② Bontje, M. , "Facing the Challenge of Shrinking Cities in East Germany: The Case of Leipzig," *GeoJournal* 61, 2004, pp. 13 – 21.

序健康发展的行为和过程。与政府为投资主体不同，一般意义的私人投资是由个人、单一企业等微观经济个体基于产权私有和市场需求而进行的投资行为或过程。显然，政府投资和私人投资在社会效益、经济利益的追求以及资金来源等方面各不相同，二者基本构成了国民经济投资的全部份额。

关于政府投资与私人投资的关系长期存在两种截然迥异的观点，一个是以传统凯恩斯主义为代表的政府对私人投资的挤出效应，另一个是以阿肖尔为代表的政府投资对私人投资的挤入效应。希克斯—汉森模型（IS－LM 模型）通过对商品市场与货币市场的一般均衡分析，认为政府采取扩张的财政政策将抬高市场利率，增加私人投资成本进而挤出私人资本。只有当作为生产要素投入的政府公共投资与私人资本互补时，公共投资的增加才会带来私人资本边际生产率的提高。[1] 此外，在对美国政府与私人的投资关系分析中加入时间变量后，政府投资初期会提高国家整体投资水平，对私人投资产生挤出效应。但是，随着时间的推移以及政府投资和私人投资形成的互补关系，挤入效应将取代挤出效应。

对政府投资和私人投资的概念及相互关系的回顾似乎为莱比锡城市治理提供了一个完美的分析思路。但需要注意的是上述分析的政府公共投资和私人投资的关系更多是建立在发达市场经济体制和经济增长周期的基础之上，人口发展趋势往往成为政府、私人投资等经典理论忽视的重要因素。对于莱比锡所面临的政治经济制度转型以及人口不断减少的特殊复杂情形，传统的城市经济发展理论和增长模式思维指导下的城市发展规划显然缺乏充分的解释和有效的实践。20 世纪 90 年代末期，政府大规模投资的城市复兴之路远未达到控制人口减少、降低住房空置率预期效果，莱比锡令人失望的客观现实也注定成为历史的必然。通过两个时期的简单对比不难发现，20 世纪 90 年代后社会主义经济体制转型、失业率提高、内城环境污染和住房空置并非政府投资对私人投资的挤出效应所能诠释，更

---

① Aschauer, D. A., "Does Publie Capital Crowd out Private Capital," *Journal of Monetary Eeonomics* 24, 1989, pp. 171–188.

多是基于人们从思维意识和投资观念上对民主德国城市莱比锡的一种不认同。2000 年以后，虽然私人投资增加，但与政府投资的大幅减少相比，投资净额依然很少，这显然也并非政府挤入效应全部作用的结果。20 世纪 90 年代以来累积的政府债务负担和金融市场的落后令莱比锡政府陷入了债务危机。

从这一时期城市治理的政府项目投资层面来看，一度被外界视为莱比锡骄傲的贸易展览会依然延续着原来的大而全的运营理念和模式，这显然与国际专业化分工潮流相背离，而相比汉诺威和慕尼黑带有私人投资背景的贸易展览会，专门化的商品展销令其在激烈的市场竞争中更具灵活性。虽然社会主义计划经济向资本主义市场经济转型在一定程度上带来了包括零售、运输和通信等领域的就业机会，但是这些新兴就业岗位远远无法弥补去工业化导致的制造业工人失业数量。20 世纪 90 年代中期，莱比锡维持着 20% 的失业率，虽然比民主德国时期部分东部城市的失业情况较为乐观，但是这个数字远远高于德国西部城市或绝大多数其他欧盟国家的就业水平。

在 20 世纪的最后十年里，莱比锡减少了 10 万名居民，住房空置率急速攀升。① 国家大规模财政投资和政府补贴强烈地激发了城市内部更新热潮，更为重要的是城市外围的新兴住宅等物质环境建设也同时分享了国家政策的红利。与内城相比，城市边缘没有不同时期政党对物质环境的破坏等历史问题。②③ 加之 20 世纪早期莱比锡缺乏有序的城市规划体系，国家财政补贴和政府投资对内城的更新建设反而产生了一定负效应，工人阶级居住区因缺乏政府有效维护而大面积空置，结果就是加速了内城人口外迁的进程，

① Herfert, G., Röhl, D., "Leipzig-Region zwischen Boom und Leerstand," in Brake, K., Dangschat, J. S., Herfert, G., eds., *Suburbunisierung in Deutschland Aktuelle Tendenzen* (Opladen, Wiesbaden, 2001).

② Häussermann H., "From the Socialist to the Capitalist City: Experiences From Germany," in Andrusz G., Harloe M., Szelenyi I., eds., *Cities after Socialism Urban and Regional Change and Conflict in Post-Socialist Societies* (Oxford: Blackwell, 1996).

③ Nuissl, H., Rink, D., "The 'Production' of Urban Sprawl in Eastern Germany as a Phenomenon of Post-Socialist Transformation," *Cities* 22, 2005, pp. 123 – 134.

加剧了内城住房空置问题。① 这种政府投资行为显然不符合经济效率与经济公平原则，二者兼顾更是无从谈起。此外，城市郊区合并的意义不单限于通过统计角度的人口增加创造出一种人口增长的景象，更为重要的是出于财政金融的制度安排与设计。因为德国统一后联邦基金城市配给的关键依据就是城市人口规模，所以这种城市郊区一体化的政府实践不但将边缘地区纳入城市体系，还是寻求联邦基金支持的重要渠道。然而莱比锡政府实施的城市郊区一体化方案的本质无不是增长思维与城市治理逻辑在莱比锡城市规划设计中的经典体现与延续，城市边界的人为并吞亦无法改变 20 世纪 90 年代以来城市蔓延的自然趋势。

三　第二阶段：思维转换、民众参与、财政支持与 2000 年以来莱比锡城市收缩治理政策分析

2000 年，一篇题为"新联邦州住房市场的结构性转变"的研究报告标志着城市收缩问题治理正式被纳入政府城市规划与政策体系。② 尽管莱比锡政府早在 20 世纪 90 年代初期就已经开始应对城市收缩问题，但是第一阶段的盲目乐观情绪并没有认清城市收缩问题的严重程度。空城（Perforated City）成为用来描述德国东部城市现实状况的经典用语。莱比锡政府规划部门通过寻求全新战略和多元途径来应对城市收缩问题，接受城市收缩带来的挑战并试图促使莱比锡成为收缩管理的典范城市。与德累斯顿等其他德国东部城市政府长期忽视和否认人口减少或城市收缩的情形不同，③ 莱比锡政府决定接受人口减少的事实，尽早处理相应的城市收缩问题，并将人口减

---

① Herfert, G., Röhl, D., "Leipzig-Region zwischen Boom und Leerstand," in Brake, K., Dangschat, J. S., Herfert, G., eds., *Suburbanisierung in Deutschland Aktuelle Tendenzen* (Opladen, Wiesbaden, 2001).

② Kommission Lehmann-Grube, "Wohnungswirtschaftlicher Strukturwandel in den neuen Bundesländern," *BVBW*, 2000.

③ Wiechmann, T., "Conversion Strategies under Uncertainty in Post-Socialist Shrinking Cities: The Example of Dresden in Eastern Germany," *The Future of Shrinking Cities* (Berkeley), 2007.

少视为一种城市发展的机遇。① 地方政府接受了莱比锡城市收缩的趋势并且采取措施来更加充分地利用这一趋势。② 莱比锡政府对城市收缩问题的思维与态度变化不是对客观现实的无奈之举，其模式从注重理想化的一味增长向认清城市收缩趋势转变。

2000 年，基于莱比锡多年以来的郊区新建和城市边缘发展的住房和空间规划政策已经开始注重稳定当前人口和协调住房存量与人口规模关系。与任何其他欧洲城市家庭一样，莱比锡同样面临平均家庭规模缩小的现实。但是无论这些存量住房翻新与否，由此带来的新增住房需求仍然远远无法填补空置的住房。这也注定了莱比锡政府必须依托收缩城市人口模式，采取住房存量和基础设施建设相适应的发展战略。拆毁与重建是莱比锡当局2000 年出台的《住房建设与更新的城市发展规划》文件核心精神的集中体现。③ 第二阶段，莱比锡城市收缩问题治理主要包括"莱比锡 2030"主体研究项目以及在此项目框架下的其他 4 个核心项目，同时还有 2 个重要的由市民发起的城市改造项目。

2000 年伊始，由德国联邦政府出资发起了"城市 2030"主体研究项目，各个市州均可针对所辖城市面临的不同发展问题申请基金支持。莱比锡成功获批"莱比锡 2030"项目，项目基金被地方当局视为改善市民生活质量、增强城市竞争力的重要基石。项目的研究人员包括来自德国、英国和美国等不同国家的城市规划者、建筑师、专家学者和人类社会学家。莱比锡面临的首要困境就是威胁经济发展和社会稳定的大量空置公寓和住房问题。所以，研究项目的主要意图是通过发挥不同领域专业人士的集体智慧，搭建一个城市改造核心项目架构，寻求城市当前和未来发展问题的创造性解决办法，协助地方政府修正城市发展策略，完善城市规划体系，重

① Florentin, D., Sylvie F., Hélène R., "La Stadtschrumpfung ou Rétrécissement Urbain en Allemagne: un Champ de Recherche Emergent," *Cybergéo*, 2009.

② Bontje, M., "Facing the Challenge of Shrinking Cities in East Germany: The Case of Leipzig," *GeoJournal* 61, 2004, pp. 13 – 21.

③ Dezernat Planung und Bau, *Stadtentwicklungsplan Wohnungsbau und Stadterneuerung* (Leipzig: Stadt Leipzig, 2000), p. 106.

新调整城市过剩的建筑和空间，进而维护城市的品质，抓住城市社会转型期所带来的机遇，打造充满活力、生活舒适、魅力十足的宜居城市。

"莱比锡2030"研究团队设计了大量城市发展情景模拟，试图探究2030年以前影响莱比锡城市发展的因素。情景模拟不仅包括城市经济和空间的发展，研究团队还提出"亲和家庭城市"（Family-friendly City）的建设构想，其核心就是通过城市改造与发展让莱比锡内城居住家庭享受与郊区生活一样的有利条件。此外，如何治理空心城市以及吸引更多的家庭尤其是年轻家庭一直是困扰莱比锡当局的两大难题。为了满足年轻家庭的需求，莱比锡当局采取了大量措施。在城市住房层面，部分存量住房被集中摧毁，主要是因为这些住房长期缺乏维护、严重破败且不再适合居住，或者是因为没有任何的市场需求，并且这些区域不再新建住房，取而代之的是公园或广场。城市规划者希望从根本上将那些始建于19世纪末期和20世纪初期且一度稠密的建筑街区转变为更具吸引力、更加绿化的地区，并且主要面向莱比锡西部普拉格维茨、林德瑙和东部的工人阶级住宅区两个问题较严重的城市地区。除了调整住房存量之外，鼓励住房私有化也被视为增强城市与居民关系的重要战略。2000年，仅有11%的住宅为私人所有。[①] 此外，城市项目研究和具体措施还包括：城市老房翻新；摧毁褐煤矿区附近的住房并代之以多层楼房，创造更多的绿化空间；市中心机动车限行，提高停车场收费标准；修订莱比锡大学人才培养计划以适应区域经济发展需求；提供免费日托服务等。值得一提的是，"城市2030"项目强烈鼓励居民参与到城市规划中来，针对如何更好地发展市中心进行公开讨论并发表意见。民众可以通过登录官方网站[②]及时跟踪查询，并且每个项目城市都拥有自己的域名。

在"莱比锡2030"研究项目框架下，莱比锡还开展了"东部旧城改造"、"城市21"和"国家示范项目"等项目的研究与实践，同时还包括2

---

①　Rink, D., Haase, A., Bernt, M., "Work Package 2: Urban Shrinkage in Leipzig and Halle, the Leipzig-Halle Urban Region, Germany," *Shrink Smart*, 2010.

②　http://www.stadt2030.de.

个完全由市民发起的城市改造项目。"东部旧城改造"项目主要针对住房市场、城市吸引力、居民收入等问题，基于改善经济环境，鼓励民主参与，积极推进城市改革，强调安全、福利的城市再发展理念而在采取包括拆毁民主德国时期老式住房和建筑方式的同时进行新建住房、增加绿化面积的城市物质环境更新。莱比锡东部项目的城市改造目标与"东部旧城改造"项目的目标基本一致，也针对内城吸引力、经济社会发展等问题展开。不同之处在于该项目的城市设计理念是要将所有城市居民的个体偏好纳入现代化城市建设的进程中，通过城市物质更新及时将城市地区觉察到的缺陷转变为城市发展的驱动力，打造宜居型社会城市。项目3和项目4（见表4.6）也具有与上述两个项目在城市改造目标、设计理念等方面相似的特点。值得一提的是项目5和项目6，二者不但由市民发起，而且完全通过市场来寻求资金支持，这一点与前4个项目极为不同。针对城市住房和城市生活等共同问题，项目4的设计理念在于建立一个空置住房所有者和潜在租户双赢的交易机制，进而缓解政府城市改造的财政压力。项目5的设计思维在于避开带有强烈政治意图的城市规划，凭借自由市场效应，广泛吸引私人投资。由此可见，如果说"莱比锡2030""东部旧城改造"等项目是一种自上而下由政府主导、民众间接参与的城市改造运动，那么项目5和项目6真正地实现了自下而上、民众主导的城市改善与再利用。

四 第二阶段城市治理逻辑与效果评价

第一阶段的大规模公共投资并未有效解决人口减少和住房空置问题，极度乐观的政治情绪和增长思维也没有达到预期的政治经济效果，社会分隔、就业减少、生活贫困等随着时间的推移成为莱比锡城市发展的尖锐问题。碎片化、片断化的城市规划体系显然成为莱比锡20世纪最后10年城市治理的阶段总结。进入2000年，莱比锡政策制定者和社会团体领导者开始将注意力转移到城市发展与规划设计的关键要素——社会公平方面，并清醒地认识到公正、平等和包容性原则是公共政策基本精神的深刻体现，也是确保城市持续健康发展的坚实基础，任何不平衡的城市发展与简单的城市区划行为都可能最终导致城市"落寞"。所以，进入 2000 年，社会公平与民众参与成为德国联邦政府和莱比锡地方当局城市更新发展战略中的核心要素，并且基于莱比锡多年以来的郊区新建和城市边缘发展的住房和空间规划政策已经开始面向稳定当前人口和协调住房存量与人口规模关系方面转变。

　　第二阶段的城市发展逻辑主要体现在中央政府、地方政府、社会公众三个层面的协调与互动上，一方面由德国联邦政府创建"城市 2030"主体项目促使包括莱比锡在内的各个市州所辖城市的地方政府针对城市空间发展问题进行立项申请，项目成功获批的城市政府利用这笔基金开展城市发展与规划政策的研究与实践，广泛吸取由不同国家的城市规划者、社会学家和人类学家等构成的研究团队的政策建议，进而改善、优化城市空间发展与规划政策；另一方面通过开通莱比锡城市项目的官方网站积极鼓励民众公开发表意见。虽然与面对面交流相比而言，网络是一种间接的参与形式，但也可以达到听取市民的内在需求，并将市民心声搜集整理，最终纳入城市发展与规划政策制定的决策框架的效果。民众参与的社会公平发展不仅能够维护市民与城市的尊严，还能遏制结构性政策偏向以及随之产生的社会排斥和城市体系脆弱性等问题，[①] 这显然是莱比锡政府城市发展规划思维与政策实践的巨大进步。但是，值得注意的是，规划方案中并未提到人口减少和住房空置的原因及二者的关系，而只说明缺乏充分就业和就业机会，治理措施仅涉及创造一个更具吸引力的公共空间和更具吸引力的住房存量。此外，政府城市项目往往带有某些特定的政治意图和顶层诉求，市民也并非真正参与到决策的制定环节，而更多地表现为一种形式上的间接参与，其存在的问题及真实效果也可想而知，完全由市民发起的城市更新项目就是对民众间接参与城市项目最有力的回应。

　　在政府主导的城市项目研究与具体落实的过程中依然存在一些问题。从城市发展研究与治理方面来看，莱比锡政府认为德国统一后，过度的去工业化导致莱比锡丧失了一度成为民主德国时期引以为傲的工业经济基础。

---

　　① Krumholz, N., Clavel, P., *Reinventing Cities*: *Equity Planners Tell Their Stories* (Philadelphia: Temple University Press, 1994), p. 59.

所以，扭转莱比锡过度的去工业化成为"莱比锡2030"项目的核心目标。为了达到这一目标，促进城市就业市场的发展，城市发展政策简单地认为增加高质量的住房将成为解决问题的关键。[1] 一个缺乏创造就业机会目标的战略，即便各项对策设计都具有想象力和吸引力，最终也无法维系城市就业人口的稳定性，吸引新的年轻外来移民也仅限于理论上的一种假设。规划项目中唯一提到的人口与地方经济的关系是零售商运营与城区选址面临的二重困境：一方面表现为内城中心缺乏充足的顾客；另一方面表现为市民居住区虽然客源充足但普遍缺乏有效的购买力，尤其是在工人阶级居住区，这种困境愈加显著。

总之，2000年开始的针对城市收缩问题的治理战略几乎毫无例外地专门集中在改善住房存量和公共空间等物质层面，几乎所有的政策设计或环境与设施的改善的目标都是促使莱比锡成为一个更具吸引力的商业城市，规划的重点也都是强调莱比锡空置住房以及城市周边废弃工业区的重建工作，即便是在城市发展规划商业区，规划战略也极少关注创造就业机会的问题，物质层面依然是规划的焦点。[2] 正如规划者所言，城市改造并不是一项简单的任务：内城工业区经常遭受恶劣交通条件、严重的土地污染等问题困扰；城市的历史重工业区难以振兴，如何将这些地区转变成具有吸引力的城市商业服务中心对于莱比锡而言仍然是一个难题。

第四节　莱比锡城市收缩问题研究的阶段总结

政治经济体制的深刻变革彻底改变了莱比锡城市发展的自然路径，也打破了百万人口大都市的远大梦想，同时还导致传统的城市功能、城市地位的沦丧。社会主义时期的城市发展实践和后社会主义时期的政治经济转型不但导致人口自然增长放缓，还从根本上动摇了民主德国的工业经济基

---

[1]　Daldrup, E. L., "Doehler-Behzadi M. Leipzig2030-Plus Minus Leipzig-Stadt in Transformation," *Leipzig*: *Verlag Müller & Bussmann KG*, *Wuppertal*, 2004.

[2]　Bontje, M., "Facing the Challenge of Shrinking Cities in East Germany: The Case of Leipzig," *GeoJournal* 61, 2004, pp. 13 – 21.

础，去工业化过程引发了与就业相关的人口持续外流，尤其是莱比锡老工业区，表现出人口的剧烈减少。城市收缩的深远影响不仅表现在基础设施闲置、住房空置、维护成本增加、市政税收持续减少等方面，还表现为经济衰退、郊区化、人口减少和去工业化，这是相互关联、互为因果的自发演变过程。

回顾城市治理政策的历史演变，笔者从城市治理思维模式及政策实践角度对其进行综合归纳梳理。德国统一后的 10 年里，尽管人口流失、住房空置等现象遍及城市各个区域，但城市收缩问题并未得到莱比锡政府的足够重视，甚至视之为政治经济的禁忌论断并使其为主流发展潮流所忽视，增长思维的城市设计仍然占据城市规划与经济发展的主导地位。针对人口持续减少，德国联邦政府和莱比锡地方当局也发起了一系列创新的城市发展项目，试图限制城市外围的增长，从而最大限度减缓内城人口的持续外迁。莱比锡政府希望利用其优越的地理位置及其与大多数中欧国家城市在传统政治经济方面的伙伴关系快速进入并抢占欧洲中东部新兴市场，通过大规模政府投资措施快速恢复莱比锡历史上的强势政治经济地位。然而，针对这些社会经济问题，政策制定者和城市领域的专家、学者根本无法提供建设性的解决办法，在人口持续减少、城市竞争力下降、住房空置等问题面前，本属于他们的公共职能和专业知识并未充分发挥应有的效用。

对城市收缩问题的态度在 2000 年发生了转折，城市收缩问题骤然成为德国城市发展与相关理论研究的焦点，并迅速传播到欧洲乃至美洲大陆。莱比锡政府决定接受人口减少的事实，将人口减少视为一种城市发展的机遇。莱比锡政府对城市收缩问题的思维与态度变化并非面对客观现实的无奈之举，而是从注重理想化的一味增长向认清城市收缩趋势，调整城市发展模式的历史转变。这具体表现为多年以来的郊区新建和城市边缘发展的住房和空间规划政策朝着稳定住房存量与人口规模的结构关系方面的政策转变。是拒绝城市收缩的现实，延续增长思维和福利社会导向的城市发展战略，还是接受城市收缩的现实，采取更具适应性、灵活性的创新城市发展策略显然成为城市管理者和国家政府需要战略权衡的问题。

回顾数十年城市复兴的实践经历，莱比锡地方政府进行了众多城市规划与项目研究，但这些规划因为仅针对某些特定问题而表现出明显的碎片化，没有将这些问题纳入一个更加完善有序的城市规划体系中，所以，不理智的乐观主义与不必要的悲观主义均非城市健康持续发展所应秉持的治理思维。政府城市发展政策既不是所有问题的原因，也不是一切解决方案的源头，但在确定经济和社会发展变化的特质方面，政府的确扮演着极为重要的角色。① 从社会福利主义向"后福特主义"的转型已然发生，任何社会制度都存在市场管制，但问题的关键不在于管制与否，而在于管制的目的是社会福利最大化还是私人利润最大化。莱比锡经历了后社会主义经济制度的转型，与英国等发达资本主义国家或德国西部城市资本主义市场机制相比，市场机制的不完善以及转型期面临的复杂社会经济问题都制约着莱比锡城市的快速复兴之路。但是，莱比锡地方政府应看到城市收缩为其带来了那些巨型大都市所不具备的发展机遇，比如创意的城市开发空间、低廉的创业成本、增加的绿化环境。还应认识到城市收缩过程与其他城市发展路径的最大不同在于人口减少导致了城市建筑结构与实际需求利用的错配问题。同利物浦一样，莱比锡也渐渐步入再城市化的发展轨道中，其未来发展的关键问题依然是如何稳定人口规模和创造更多的城市就业机会。

表 4.6　莱比锡城市收缩问题治理及城市改造项目汇总

时间	第一阶段	第二阶段						
类别	政府公共投资	莱比锡2030	项目1：东部旧城改造（Stadtumbau Ost）	项目2：莱比锡东部项目（Leipziger Osten）	项目3：城市21（Urban 21）	项目4：国家示范项目（National Model Project）	项目5：房屋适应性保持项目（Haus Halten e. V. Due）	项目6：莱比锡自用项目（Leipziger Selbstnutzer Programm）
发起人	联邦政府、地方政府响应	联邦政府、地方政府响应	地方政府	地方政府	地方政府	联邦政府、地方政府响应	市民	市民

---

① 〔英〕约翰·伦尼·肖特：《城市秩序：城市、文化与权力导论》，郑娟等译，上海人民出版社，2011，第3页。

时间	第一阶段	第二阶段						
出资人	联邦政府、地方政府	联邦政府	联邦政府	联邦政府	欧盟	联邦政府	市场	市场
城市治理或改善目标	人口流失、内城住房破败、私有住房比例低、环境污染严重、基础设施投资不足	稳定人口、协调人口规模与住房存量比例关系、就业问题	稳定住房市场、提高莱比锡城市吸引力、吸引更多人口居住和工作，解决社会低收入人群（艺术家、学生）的社会排斥	构建社会城市、提高内城的吸引力、促进内城经济发展与社会转型	城市再发展，尤其是内城居民区的商业发展，改善休闲娱乐等城市社会基础设施	—	历史性建筑和住房改善和利用	营销宣传具有吸引力的城市生活
城市项目理念与思维	莱比锡政府希望利用其优越的地理位置及其与大多数中欧国家城市在传统政治经济方面的伙伴关系快速进入并抢占欧洲中东部新兴市场，通过大规模政府投资快速恢复莱比锡历史上的强势政治经济地位	以城市物质更新为核心，将人口减少和住房空置视为城市发展的机遇	城市物质更新，改善经济环境，鼓励民主参与，积极推进城市改革，强调安全、福利的城市再发展理念，同时将人口减少和住房空置视为城市发展的机遇	政府寻求与社区合作的伙伴关系，针对所有城市居民的个体偏好设计一个现代化城市建设的远景目标，通过城市物质更新及时将城市地区觉察到的缺陷转变为城市发展的驱动力	通过地方政府、私人机构和城市居民的合作，促进、强化中小企业发展	—	建立一个空置住房所有者和潜在租户双赢的交易机制，缓解政府城市改造的财政压力	避开带有强烈政治意图的城市规划，凭借自由市场效应，广泛吸引私人投资者

续表

时间	第一阶段	第二阶段						
城市治理方法或设想	大规模公共投资、城市郊区一体化合并	进行城市老房翻新；摧毁褐煤矿区附近的住房并代之以多层楼房，创造更多的绿化空间；市中心机动车限行，提高停车场收费标准；修订莱比锡大学人才培养计划以适应区域经济发展需求	在拆毁民主德国时期的老式住房和建筑的同时进行住房新建，增加绿化面积	强调与社区合作，及时将城市地区觉察到的缺陷转变为城市发展的驱动力	政府、私人与民众三方合作，促进内城商业贸易的发展	—	空置住房所有者将住房免费租给潜在的租户，承租人只需对住房进行必要的维护，而不需缴纳租金，既缓解房主因长期控制住房而具有的维护压力，又为潜在需求者提供了栖身之所	将印制的海报或画册在各种展会、房交会、旅游景点张贴宣传，利用互联网传递信息等
城市更新的空间选择	郊区、内城	内城	城市东部地区	内城	内城东部、西部，格吕瑙	—	具有潜在就业机会的商业地段或具有历史文化意义的地区	
政府的地位或城市治理权力特征	政府主导、自上而下	政府主导、自上而下	政府主导、自上而下	政府主导、自上而下	政府主导、自上而下	—	政府监督	政府监督
民众或社区地位	基本无参与	间接参与	间接参与	间接参与、在宏观层面建立政府与社区合作的伙伴关系	地方性合作、民众参与地位提高	—	民众主导	民众主导

注：笔者根据相关文章归纳整理。

资料来源：Jean, C., Garcia, Z., "Public Participation in Urban Development: The Case of Leipzig, Germany," *Journal of Public Administration and Policy Research* 4 (4), 2012, pp. 75 – 83。

第五章　英国利物浦城市收缩问题研究

选择英国利物浦作为案例城市进行研究主要基于以下几个方面考虑。首先，利物浦为欧洲国家收缩城市中人口减少最严重的城市之一。其次，利物浦作为世界历史上著名的港口城市，其经济社会的发展演变可能为中国沿海城市的发展提供历史与现实的反思。最后，政府、私人、财团等机构对利物浦城市收缩问题采取了一系列为期40余年的治理政策，2001年以来，利物浦人口减少停止，城市收缩问题得到一定控制，利物浦进入再城市化阶段。

第一节　利物浦城市发展历程沿革及城市收缩的历史逻辑验证

一　殖民经济、海外贸易以及工业革命促使利物浦成为世界著名港口城市

利物浦（Liverpool）位于英格兰西北部，默西河口（Mersey River）的东岸，默西赛德郡首府，是英国的第二大港口城市和重要的商业中心。一般认为这座城市始于1207年国王约翰的一道诏令——建立利物浦市镇，但16世纪50年代，利物浦人口还不足500人。直到17世纪中叶英国内战以后，随着利物浦商贸开展，居民数量才开始呈现缓慢增长。1699年，利物浦商人的第一艘奴隶船驶向非洲，奴隶贸易与殖民经济让利物浦城市经济

快速发展与人口飞速增长。到 18 世纪末期，利物浦控制了英国 80% 及整个欧洲大陆近半数的奴隶贸易。[①] 与此同时，英国工业革命的深入发展加速了利物浦城市经济的发展。

19 世纪初期，利物浦成为世界著名的海港，贸易额占据世界毛利总量的 40%。[②] 1830 年，伴随着世界第一条客运铁路的开通（利物浦—曼彻斯特），利物浦成为英国第二大都市。圣乔治大厅、菩提树大街车站成为象征着利物浦庞大财富的历史地标建筑。由此可见，殖民经济、海外贸易以及工业革命促使利物浦城市快速兴起与繁荣。19 世纪晚期，伴随港口系统等基础设施的建设与完善，利物浦成为繁荣大都市，商业、保险、银行等依托海外贸易的伴生行业亦得到快速发展。利物浦城市经济的快速发展吸引了爱尔兰人等来自欧洲其他国家城市的大量移民。但是二战期间，利物浦成为重灾区，死亡数千人，房屋建筑遭受极大破坏。战后的城市快速重建让利物浦在较短时间内恢复过来，1931 年，利物浦人口达到 85.6 万人的历史峰值。[③]

利物浦城市收缩的历史逻辑验证Ⅰ：港口经济、海外贸易、工业革命注定了利物浦城市经济的空前发展，特定的时代与特殊的模式也极大地催发了利物浦伴生行业的兴起与繁荣，然而这些繁华景象似乎只属于中产阶级，工人阶级并没有从海外贸易中取得公平的利益分配。对他们而言，利物浦充斥着流动人口、廉价劳动力、贫民区和糟糕的卫生条件，这为城市收缩埋下了严重的历史隐患：港口经济一旦衰落，伴生行业将面临重大考验。这与加拿大、日本等资源型城市收缩极具相似性。

二　利物浦码头经济的衰落引发城市收缩

20 世纪 50 年代，由于淤泥阻塞了利物浦的重要航道，加之清淤工程的

---

① Couch, C., Cocks, M., "Work Package 2: Urban Shrinkage in Liverpool, United Kingdom," *Shrink Smart*, 2010.

② Couch, C., Cocks, M., "Work Package 2: Urban Shrinkage in Liverpool, United Kingdom," *Shrink Smart*, 2010.

③ Couch, C., Cocks, M., "Work Package 2: Urban Shrinkage in Liverpool, United Kingdom," *Shrink Smart*, 2010.

造价相当于新建一个海港的费用，因此航道环境的恶化直接导致刚刚走上繁荣的利物浦遭遇严重衰退。更为重要的是，远洋轮船与集装箱技术的运用对利物浦的港口贸易与城市经济发展也造成了严重冲击。1966 年至 1979 年，在英国的远洋对外贸易中，利物浦所占份额从 24.5% 下降到 13.8%，且与欧洲的近海贸易份额也从 6.1% 下降到 2.4%。① 集装箱技术的引进提高了商品装卸的效率，减少了对落后、小型码头的需求，进而对码头工人的需求数量急剧下降，这对利物浦港口经济与城市发展的影响尤为深远，截至 2007 年，港口类就业岗位仍然是城市的边缘岗位。1980 年，利物浦码头工人的数量从 1920 年 2 万余人减少到 0.4 万人，码头成为废弃之地。② 到 20 世纪 70 年代，马丁银行、丘纳德轮船等几家大型公司将总部由利物浦迁至伦敦等其他经济发达地区。

外部竞争及对传统产品的需求下降导致利物浦港口经济及其伴生行业衰退，进而失业率提高。去工业化彻底动摇了 19 世纪末期以来利物浦港口经济的工业基础和社会秩序，利物浦不再是繁荣的全球性港口，人口外流、缺乏竞争力等城市发展的棘手问题，促使利物浦成为流动空间，到了 20 世纪 70 年代，内城区到处可见空置和废弃的土地与建筑。与此同时，依托优越的地理位置、国际空港地位和集群经济发展的曼彻斯特成为东西部区域的领导核心，转变为黏性空间。此外，结构调整、技术革新、经济动荡等因素迫使利物浦内城区的许多制造业企业关闭或迁至东部的诺斯利、圣海伦斯、哈尔顿以及南部的威勒尔和埃尔斯米尔港等邻近高速公路的地方。切斯特和沃灵顿等外围城镇的发展降低了利物浦城市的核心地位，基于中小企业和新技术产业的小型城镇也获得了快速发展，人口向外围迁移，郊区化进程开始。截至 2008 年底，与 1931 年的历史人口峰值相比，利物浦人口减少幅度达 49%，人口数量为 43.5 万人。默西赛德郡人口也从 1971 年的

---

① Gilman, S., Burn, S., "Dockland Activities: Technology and Change," in Gould W. T. S., Hodgkiss, A. G., eds., *The Resources of Merseyside* (Liverpool: U. P., 1982).

② Gilman, S., Burn, S., "Dockland Activities: Technology and Change," in Gould W. T. S., Hodgkiss, A. G., eds., *The Resources of Merseyside* (Liverpool: U. P., 1982).

165.6 万人减少为 2008 年的 134.7 万人，下降幅度为 19%。①

利物浦城市收缩的历史逻辑验证Ⅱ：从 20 世纪 70 年代开始，利物浦经历了大规模的去工业化和经济结构调整的过程，利物浦的船坞和传统制造业急速衰落，航道环境恶化，港口功能丧失，大量码头工人失业，土地与建筑等基础设施闲置废弃，众多制造业企业倒闭或外迁，人口开始急速减少。单一产业主导的城市经济发展及其与伴生行业的依存关系注定了城市收缩的宿命。

三　利物浦贫民区清理政策引发城市收缩

尽管工业化促进了农村人口大量涌入城市，为城市提供了大量廉价劳动力，但城市的住房供给并没有及时满足新增人口的基本需求，或者说这些外来人口具有极为有限的住房支付能力，这种高密度的打工人口聚居在低劣贫困的环境里，进而形成了贫民区。如果说产业结构调整以及去工业化是经济发展演化的必经之路，导致的城市收缩具有一定的客观性，那么始于 20 世纪 40 年代的西方国家城市更新项目就是基于政府主导的一次城市改造运动，尤其是针对贫民区的污染、卫生、贫困和安全问题到处蔓延的早期治理政策，其引发的城市收缩也具有一定的主观性。

20 世纪 50 年代至 70 年代，为了降低利物浦内城区住房的密度，政府实施了贫民区清理项目，主要包括对内城区的改造和贫民区的清理。其中对于贫民区的处置方式为彻底消除贫民区、将贫民区全部拆除，转移相应居民，拍卖土地，吸引高额税收公司建设厂房。政府在利物浦的郊区直接投资建设廉租的公共住房以满足被清理项目驱逐的城市贫困人口的住房需求。1966 年，利物浦城市议会通过了一项大规模贫民区清理项目的政策，摧毁的城市住房数量占城市住房存量的 36%，这些住房 70% 位于利物浦内城区。② 贫民区清理项目极大地影响了沃克斯豪尔和埃弗顿城市中心以北和

---

① Couch, C., Cocks, M., "Work Package 2: Urban Shrinkage in Liverpool, United Kingdom," *Shrink Smart*, 2010.

② Couch, C., *City of Change and Challenge: Urban Planning and Regeneration in Liverpool* (Aldershot: Shgate, 2003), p.156.

托克斯泰斯和丁格尔城市中心以南地区。新城镇扩张涉及威德尼斯、温斯福德、埃尔斯米尔港、蓝科恩和沃灵顿。

虽然贫民区清理项目降低了利物浦内城区的住房密度，但新城镇的开发导致了城市的快速蔓延，内城区人口大量减少，而且这种贫民区清理项目并没有从本质上解决贫民区带来的卫生、污染、安全等问题，只不过是将贫民区从内城区转移到了城市郊区。从 1975 年开始，贫民区清理项目政策发生了改变，贫民区清理的速度和城市外围社会住房的建设速度开始减缓，一项新的城市更新与住房改善政策出台，政策目标是针对人口持续减少的趋势而稳定内城区居民的数量。到了 1979 年，基于新城扩张的社会住房建设项目完全停止，政府同时还采取一系列经济激励政策，鼓励开发商对内城区棕地进行开发。

尽管大部分战后时期的城市得益于政府及社会机构的各种新工业化投资，但是与利物浦外围地区相比，内城区显然由于资本流出而普遍衰退。相反，政府的新城投资与开发促使利物浦城市蔓延，同时，社会资金与人力资本流向南港、维冈、沃灵顿、切斯特等利物浦的外围地区。

利物浦城市收缩的历史逻辑验证Ⅲ：工业化初期，城市贫民区节约了农村人口流入城市的成本，为城市工业发展提供了充足廉价人力资源，在一定程度上加速了工业化进程，也是特定历史发展阶段的必然产物。去工业化及经济结构调整导致城市人口外流，然而政府的贫民区清理项目加快了人口流失速度，这也反映出政府主导的贫民区改造项目在初期的局限性，贫民区问题不仅是民有所居的住房问题，而且是城市发展过程中矛盾多元、综合复杂的社会问题。贫民区清理项目并没有从本质上解决贫民区带来的卫生、污染、安全等问题，只不过是从地理位置上对贫民区进行转移。此外，在彻底清除贫民区的同时，也从根本上瓦解了业已存在的稳定的邻里关系与社会结构，造成社会结构的分层与断裂，这无疑加速了城市收缩的进程，这种一刀切式的贫民区治理方式为中国棚户区改造的思维逻辑提供借鉴。

四　利物浦城市收缩历史逻辑验证的阶段总结

历史逻辑猜想与形成机制就广义的角度而言均可理解为对某种问题

（城市收缩）形成原因的综合分析与规律总结，原因往往具有特殊性、具体性和场景性，而规律具有一般性和普遍性。就本书而言，二者的关系在于：历史逻辑猜想是在不同国家城市收缩文献资料的梳理与比照基础上进行的规律猜想和预判，属于归纳推理的第一阶段；形成机制是基于不同国家具体城市的历史事件进行的规律凝练，属于归纳推理的第二阶段。第二阶段是第一阶段的逻辑验证和延续，是进一步逻辑辨识的过程。

通过表 5.1 可以看出，利物浦在全球化、去工业化、资本外流、经济转型、郊区化等方面表现出与莱比锡城市收缩规律的共性特征，同时也在一定程度上验证了前文提出的城市收缩逻辑假设。值得注意的是，虽然利物浦没有发生莱比锡所经历的深刻政治经济体制变革，但是利物浦与莱比锡都经历了由政府行为导致的城市人口外流现象，可见城市发展与政治思维存在某种特殊关系，这也是本书接下来将要探讨的问题。

表 5.1　利物浦城市收缩历史逻辑假设与验证对比

逻辑假设	政治变革	全球化	去工业化	基础设施	资本外流	经济转型	人口结构	人口外迁	老龄化	郊区化	政府治理
利物浦验证	◆	◆	◆	◆	◆	◆	◆	◆	◆	◆	◆

注：◆代表假设与验证具有一致性。

第二节　城市收缩对利物浦的影响

人口结构、住房需求、基础设施、土地利用等多个方面对利物浦城市发展产生了影响，比如城市收缩改变了学龄人口与老龄人口的分布比例、住房供应不足到供给过剩的转变、基础设施的闲置、棕地再开发的困境等土地问题以及市政融资困难。对于利物浦而言，在城市收缩带来的众多后果中，又以对人口结构与住房需求的影响更为深远，所以本部分重点从这两方面进行分析。

一　人口结构问题

人口结构是基于社会、文化、经济、政治以及人类自身发展的历史产物，反映了特定地域、时间等包括年龄结构、城乡结构、职业结构等在内的人口总量中各个异质性数量比例的关系。对利物浦人口结构的研究，有利于分析、预测人口结构的变动趋势以及追踪城市收缩的进程。

（一）人口总量变化

从利物浦和默西赛德郡人口总量走势曲线来看，二者都经历了1971年开始长为30多年人口持续减少的过程。利物浦人口从1971年的60万人下降到2008年的40万人，同期的默西赛德郡也从160万人下降到不到140万人（见图5.1）。人口趋势包含了自然改变与人口迁移两个方面的因素。从图5.2中可以发现，利物浦和默西赛德郡的人口减少主要是基于人口迁移而并非人口自然改变。那些外迁的人口主要为年轻人和具备良好技能的工人，而那些老龄人口和缺乏技能的人则留在了利物浦和默西赛德郡。人口老龄化与家庭结构的改变等其他因素又进一步降低了生育率，进而加剧了人口的减少。此外，值得注意的是，无论是利物浦还是默西赛德郡，其人口减少趋势自2001年开始放缓，截至2008年本研究统计期，人口减少几乎停止，而且人口净迁移的曲线也表现出显著的下降趋势。这无疑为利物浦城市收缩治理政策及政策效果的分析提供了良好的证据。

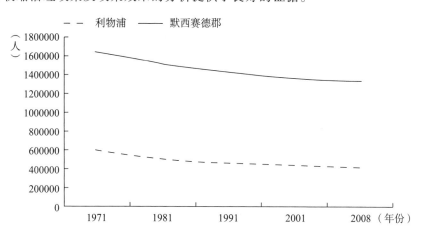

图5.1　利物浦和默西赛德郡1971～2008年人口变化趋势

资料来源：Couch, C., Cocks, M., "Work Package 2: Urban Shrinkage in Liverpool, United Kingdom," *Shrink Smart*, 2010。

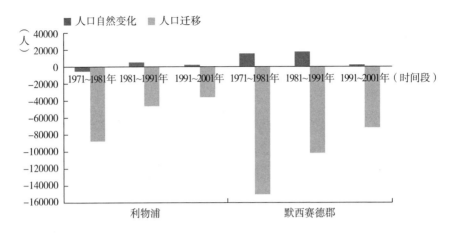

图 5.2　利物浦和默西赛德郡 1971～2001 年人口变化结构

资料来源：Couch, C., Cocks, M., "Work Package 2: Urban Shrinkage in Liverpool, United Kingdom," *Shrink Smart*, 2010。

（二）年龄结构变化

利物浦城市收缩对人口的年龄结构产生了深远影响，因为城市收缩不仅改变了学龄人口的数量结构以及对学校的需求数量，还改变了老龄人口的比例以及其对社会医疗保障等基础服务设施的需求。图 5.3 提供了利物浦、默西赛德郡及英国 1971 年至 2005 年 5～19 岁人口比例的走势。从图 5.3 中可以看出，在统计期内，三条曲线总体上表现为快速下降、趋缓与再下降的过程。尤其是利物浦从 1971 年开始的学龄人口下降速度显著快于默西赛德郡和英国水平，这也说明城市收缩对利物浦的学龄人口比例的影响更为严重。此外，从利物浦学龄人口的具体数量来看，如图 5.4 所示，1971～2008 年，学龄人口数量从逼近 16 万人降低到不足 8 万人，减少了约一半。学龄人口的减少导致对学校数量的需求降低，进而促使地方政府开始考虑学校的合理配置与整顿重组问题。

城市收缩在导致青壮年人口外迁、学龄人口大幅减少的同时也加速了人口老龄化的进程。从图 5.5 中可以发现利物浦、默西赛德郡和英国 75 岁以上老龄人口比例走势也呈现整体上升的趋势，尤其 1971 年至 1991 年，三条老龄人口比例线表现为同步陡峭上升态势。但是，1991 年，三条曲线开始出现分化，默西赛德郡和英国老龄人口比例以略低于原有速度继续上升，利物浦老龄人口增长速度则明显下降，其曲线远离前两条曲线，这主要是因为利物浦退休人员更倾向选择邻近的西柯比、霍伊莱克、克罗斯、福姆比和南港等沿海城市定居养老，这在一定程度上解释了利物浦老龄人口增速减缓的原因。但是75岁以上老龄人口的净额必然会给城市的社会服务与健康医疗带来沉重负担。

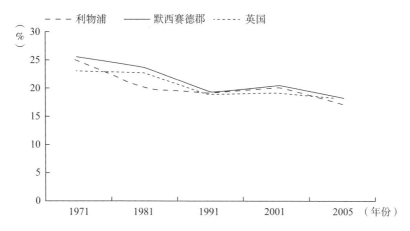

图5.3　利物浦、默西赛德郡和英国 1971~2005 年 5~19 岁学龄

人口比例变化趋势

资料来源：Couch，C.，Cocks，M.，"Work Package 2：Urban Shrinkage in Liverpool，United Kingdom，" *Shrink Smart*，2010。

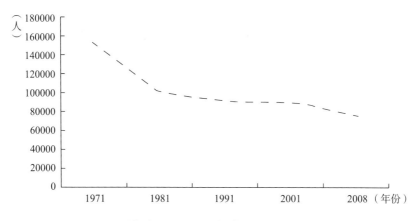

图5.4　利物浦 1971~2008 年学龄人口数量变化趋势

资料来源：Couch，C.，Cocks，M.，"Work Package 2：Urban Shrinkage in Liverpool，United Kingdom，" *Shrink Smart*，2010。

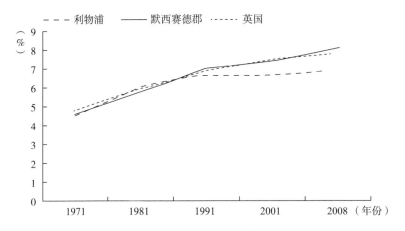

图 5.5 利物浦、默西赛德郡和英国 1971～2008 年老龄人口比例变化趋势

注：该图中的统计数据为 75 岁以上的老龄人口。

资料来源：Couch，C.，Cocks，M.，"Work Package 2：Urban Shrinkage in Liverpool，United Kingdom，" *Shrink Smart*，2010。

二 家庭住房问题

从人口与家庭变化的关系来看，如图 5.6 所示，无论是利物浦还是默西赛德郡，人口与家庭的数量关系表现为较为显著的相关性。1971 年至 2001 年，虽然利物浦人口从 61 万下降到 44.2 万，降幅约为 28%，但是家庭数量没有发生剧烈下降现象：1971 年总计 19.4 万户家庭，到了 2001 年仍然有 18.8 万户家庭，下降幅度仅为 3.1%。这主要是因为利物浦的平均家庭规模下降趋势体现出与国家整体趋势的一致性。越来越多的年轻人和老年人选择单独居住生活，而且许多家庭生养孩子的数量明显减少。在 1971 年平均每户家庭有 3.1 个人，然而到了 2001 年下降到 2.4 个人。换言之，在 1971 年大约每 1000 人需要 323 套住房，但是 2001 年同样的人口需要 417 套住房，所以住房需求下降速度低于人口下降速度。

在统计期内，利物浦居民住房数量从 19.32 万套增加到 19.78 万套，仅仅上涨了 2.4%。这说明，在这 30 年时间里，利物浦城市住房从供给不足转变为供给过剩。这种改变带来了许多问题：从消费者的角度看，居民拥有的住房选择权更为自由多元化，他们开始考虑选择那些位置优越、质优价廉、服务便利的住房；从房产供应商角度看，过剩的房屋存量对销路、价格产生了严重的负面影响。此外，人口的减少与家庭结构的改变也增加了人均住房维护的负担。1971 年，每个家庭成员提供的维护费用仅占总体的 32%，然而到了 2001 年这个比例上升为 45%。

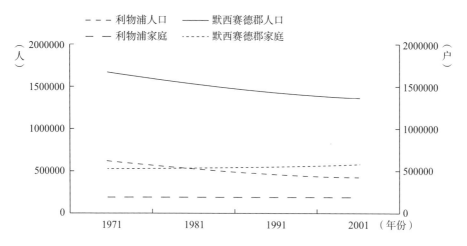

图 5.6　利物浦和默西赛德郡 1971～2001 年人口与家庭数量变化趋势

资料来源：Couch，C.，Cocks，M.，"Work Package 2：Urban Shrinkage in Liverpool，United Kingdom，" *Shrink Smart*，2010。

住房供给过剩还导致住房空置率大幅上升。图 5.7 充分显示了这一趋势。1971 年至 2001 年，利物浦、默西赛德郡和英国整体的住房空置率曲线均表现出快速升高再缓慢下降的态势。尤其是 1971 年至 1981 年，利物浦住房空置率上升速度最快，并且在整个统计期间，利物浦的住房空置率均高于其他统计指标。然而，从城市收缩带来的人口减少以及住房空置率得到有效控制二者的对照关系来看，利物浦、默西赛德郡和英国整体的住房空置率呈现下行黏合趋势，这也成为英国城市更新政策效果显著的有利证明。

第三节　利物浦城市收缩治理的政策分析

通过前文分析可知，城市收缩对利物浦城市的影响集中体现在人口与住房问题上，所以接下来笔者按照时间先后顺序，对利物浦城市收缩治理

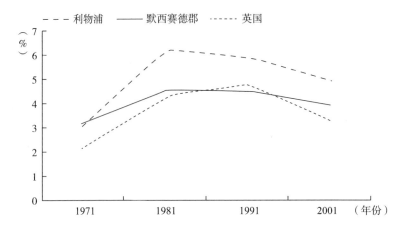

图 5.7　利物浦、默西赛德郡和英国 1971～2001 年住房空置率变化趋势

资料来源：Couch，C.，Cocks，M.，"Work Package 2：Urban Shrinkage in Liverpool，United Kingdom，" *Shrink Smart*，2010。

政策进行了梳理，可以预期的是，从时间顺序梳理利物浦城市治理政策的变迁显然要与不同阶段英国中央政府意图相吻合，换言之，利物浦城市收缩治理过程也是中央、地方两级政府权力协调以及政策更新演化的过程，所以后文的政策分析更偏重于对利物浦所经历的不同时期国家政策的演变及其对政策的反映和采取的相应措施进行研究。

一　城市更新萌芽：物质空间建设改造与城市贫民区清理政策（20 世纪 40 年代中期至 20 世纪 60 年代中期）

国际劳动分工改变了利物浦的命运，与贸易相关的城市商业机构伴随着码头经济的衰落也纷纷关闭或向中部与东南方向迁移。1936 年，《利物浦公司法案》（Liverpool Corporation Act）发布，利物浦是英国第一个通过地方政府寻求法律帮助来保证地方经济发展的城市。法案授予利物浦议会在城市外围购置工业发展用地时必要的权力，其政策目标是创造新的就业机会来补偿港口经济及相关产业的衰落，但是城市外围土地主要用于军工业发展，并没有从根本上解决利物浦城市就业与经济发展问题。此外，1947 年以大都市综合开发区发展模式为主要内容的《城乡规划法》颁布后，城市人口、土地开发表现出显著的郊区化倾向：内城区普遍缺乏规划、住宅破旧、基础设施严重匮乏。

二战后，城市过度拥挤和贫民区住房问题由于战争的破坏而进一步恶化，英国中央政府的当务之急就是应对尖锐的住宅短缺和城市住房现代化问题。为此，城镇建设改造成为英国社会经济恢复发展的核心问题。利物浦城市议会启动了大量响应国家政策的住房现代化项目。一方面，摧毁建于19世纪内城区的高密度的贫民区住房并代之以现代化、中等密度、以平层为主的城市住宅；另一方面，在城市外围地区进行新城开发，建设低密度的住房供贫民区居民转移居住。1965年，利物浦清理问题住房总计约1.7万套，列在拆除计划的还有3.25万套问题住房。① 同时，新城建设也有效地降低了利物浦的人口密度并且安置了过剩的人口。

显然，贫民区清理项目与住房更新政策的初衷是缓解城市的过度拥挤和贫民区问题，并且城市住房现代化项目也取得了降低人口密度、改善贫民区住宅环境等显著的效果，但是这种住房替换通常建立在简单的一对一基础上，对于社会发展趋势和人口迁移模式的动态变化缺乏预见性的深刻思考，反而导致了城市人口快速减少和反城市化趋势问题，并且从长远来看，这种贫民区项目和住房更新政策必然加剧住房过剩问题。此外，在20世纪50年代早期至60年代末期，中央政府对地方政府的住房补贴主要用于贫民区的清理和住房替换，根本目的并不是改善城市住房，而是运用传统工业时代的方法，通过签订大量长期建筑合同来规划和发展城市。这种以城镇开发为目标、以政府行为为主导的包括城市贫民区清理项目在内的城市清理运动一直延续到20世纪60年代，过度郊区化导致内城区经济、社会衰退，人口减少引发的城市收缩问题促使英国整个社会开始质疑贫民区清理项目的功效。

城市更新萌芽时期城市治理逻辑与效果评价如下。

首先，贫民区清理项目的实施成为人口减少的主要根源。其次，人口超预期的下降引发政府采取降低住房密度的住房更新政策，而这一政策的

---

① Couch, C., Cocks, M., "Work Package 2: Urban Shrinkage in Liverpool, United Kingdom," *Shrink Smart*, 2010.

实施又进一步造成人口减少，形成因果循环效应。再次，政府城市管理体系显然缺乏对政策负面结果的预期与控制。最后，虽然利物浦城市议会具备相当大的地方发展决定权，但是本质上仍然受到中央政府住房补贴的严重制约。可见，贫民区清理和转移居民至郊区新城的城市物质空间改造被视为解决二战后城市住房问题的核心方式，然而对于被迫迁至城市外围地区的居民而言，上述政策行为无异于倾倒式地驱赶，同时高层住宅并不符合居民的居住习惯，进而地理和社会失衡等众多新问题接踵而来。

二 城市更新发展：政府主导下的内城住房修缮翻新和区域改造（20世纪60年代中期至20世纪70年代晚期）

大规模持久的贫民区清理项目与住房更新政策带来的城市收缩问题引起了中央政府的忧虑，城市更新政策从大范围清理贫民区转向内城住房修缮翻新以及商业区更新改造。这一时期的城市更新政策机制由中央政府主导，并由中央政府向地方政府及公共部门进行财政资金划拨。

1969年开始的住房法案允许地方政府指定一般改善地区（General Improvement Areas，GIAs），GIAs的管理政策包括住房更新和地方环境改善，以取代一味的贫民区清理和住房重建，其目标是改善现有住房质量和居住环境，有效控制内城人口的持续减少。利物浦城市议会将肯辛顿和格兰比作为率先试点区域，后来又推广到城市多个地区。GIAs的管理政策与贫民区清理政策极为不同，一方面，贫民区清理政策基于中央到地方政府的自上而下的命令指示，政策的实施是通过国家住房建筑公司的大规模契约合同完成的，并且地方居民处于直接被告知的被动地位，而不就住房未来的更新设想与地方居民进行商量，完全不顾地方居民的需求与感受；另一方面，GIAs的管理政策的整个决策过程都有社区的参与和共同商议，同时该政策涉及的建筑和工程合同是在对住房与街区的周密考察分析的基础上在小范围内审慎签订的。这项区域改善政策取得了英国工党与保守党长达10年的支持，政策实施也显著减缓了包括利物浦在内的许多城市人口的持续减少，城市收缩得到一定控制。

此外，无论是中央政府还是地方政府，在社区发展项目（Community Development Projects，CDPs）[①] 的实践中都发现，某些具体社区问题往往是全局意义上结构不均衡问题的一个剪影。1972 年，英国环境部大臣彼得·沃克组织相关城市发展专家与学者对利物浦、伯明翰等城市的内城进行实地调研与考察研究，并于同年 7 月颁布《内城研究》（Inner Area Studies），其从增强内城的经济实力、提高环境质量、缓解社会冲突以及确保不同区域人口和就业结构的平衡等方面确立城市发展规划内容从新城开发转向内城振兴。

城市更新发展时期城市治理逻辑与效果评价如下。

外部环境的改变与人口减少刺激了政府行为的转变，并且间接形成了一个更富于地方化、人性化的地方城市更新与治理模式，虽然这一时期公私合作没有成为城市治理政策的核心机制，社区参与程度也普遍较低，但是这种合作方式为 1979 年撒切尔代表的保守党政府提供了前期经验，而且也标志着社区角色开始发生重要转变——从城市更新计划的被动接收方转向城市更新的参与者，这是城市更新政策传导机制的重大变革，"中央—地方—社区"自上而下的城市治理模式开始发生一定改变。

---

① 所谓的特定社区问题往往是具有全局意义的结构性不平等问题。为此，环境部大臣彼得·沃克在 1972 年组织有关咨询专家到兰贝斯、利物浦和伯明翰三个城市衰败的内城进行新一轮工作调查。1977 年，在经过十多年的以试验性城市政策治理城市问题实践之后，特别是在 1972 年以后通过《综合社区计划》对兰贝斯、利物浦和伯明翰三个城市内城的调查研究，英国政府于当前 7 月正式颁布了《内城研究》，其中明确表示内城政策目标是：增强内城的经济实力，改善内城物质结构；提高环境吸引力；缓和社会矛盾；保持内城和其他地区的人口和就业结构平衡。1978 年英国政府正式颁布《内城法案》，确立将其城市发展计划从支持新城开发转向内城振兴。至此，源于种族问题仅限于特定地区城市社会问题的"更新"改良转变为综合的城市再生（Urban Regeneration）计划。这一计划的目标当然是宏大的，它关注社会发展，渗入了城市的社会内涵。但计划实施十分受限，不仅资金支持有限，而且就当时的社会意识而言，众多矛头指向特定城市地区的特定问题，从根本上而言，这一计划并没有清晰的预定目标与实现目标的战略部署；而且就执政工党的政策而言，其目标是转变社会不均衡发展，阻止由"衰败地区"引发的社会发展问题。这一政策过于关注国内问题，而对当时由全球区域经济变化所导致的整个社会经济转型性衰退的困境缺乏充分认识和有效对策，因而其对整个政策的实施缺乏执行力和魄力。

三 城市更新深化：市场主导、公私合作与社区依托的城市综合治理政策（20世纪80年代至今）

（一）第一阶段：政府、城市开发公司的城市更新政策协调（20世纪80年代至20世纪90年代）

1979年，深受哈耶克、米尔顿·弗里德曼等经济学思想影响的撒切尔夫人代表保守党政府上台执政，其执政思维深刻地体现出对政府干预行为的抵制，认为经济中的问题越多就越将扩大政府的行政权力，这种扩大的政府干预权力必然降低经济发展的自由性与灵活性，从而产生更严峻的经济乃至社会问题。所以，20世纪80年代以来，快速收缩政府干预权力，大力推崇私有化改革，激发私人资本投资热情，强调市场自由的执政理念取代了70年代政府主导、自上而下、福利主义的政治思维模式。这一执政理念的转变注定对城市住房市场产生深远的影响，同时撒切尔的城市改革思维与美国里根的自由主义[①]市场经济政策达成默契，一并成为20世纪80年代英美城市更新政策的理论与实践基础。[②][③]

---

① 由美国第40任总统罗纳德·里根推行的经济政策。主要内容包括支持市场自由竞争、降低税收和公共开支、减少政府对企业经营的控制等。这些政策带来了美国20世纪80年代后的经济持续繁荣，拖垮了东欧社会主义阵营。所谓"里根经济学"的背后实际上是将"供应学派"（Supply-Side Economics）作为经济学理论基础。虽然当时支持"供应学派"的经济学家并不占多数，但早在20世纪70年代，便有一些经济学家推行"供应学派"的经济理论，"供应学派"由美国经济学家裴得·万尼斯基在1975年命名。除了裴得·万尼斯基外，罗伯特·蒙代尔和亚瑟·拉弗尔是另外两位极力推崇"供应学派"的经济学家，罗伯特·蒙代尔是著名加拿大经济学家、哥伦比亚大学教授，亚瑟·拉弗尔是美国经济学家、里根政府的经济政策顾问团成员。顾名思义，与凯恩斯传统"需求"经济理论相反，"供应学派"强调的是，"供应"与"需求"关系中的"供应"一边，即"供应创造自身的需求"。20世纪80年代，"供应学派"能够得势主要归因于两方面，一是凯恩斯的需求理论在20世纪70年代失败，二是具有保守理念的里根在美国政坛上得势，"供应学派"的减税经济政策正好顺应里根低税收的价值观和理念。里根的伟大就在于他能用极通俗的话，并富有感情地将复杂的经济学理论传达给美国大众，即减少税收、刺激经济、创造就业，通过经济和财富的增量反而能在低税率的前提下增加国家税收，同时增加大众的财富。当时，美国多数选民接受了减税的"里根经济学"，是因为其理念和直觉上对里根经济政策有了认同。

② Shutt, J., "Lessons from America in the 1990s," in Roberts P., Sykers, eds., *Urban Regeneration: A Handbood* (London: SAGE, 2001).

③ Davies, J., *Partnerships and Regimes: The Ploitics of Urban Regeneeration in the UK* (Aldershot: Ashgate, 2001), p.52.

受石油危机导致全球经济衰退的影响，政府日益感到财政拨款、公共建设难以从根本上改善内城困境，福利主义制度开始成为政府的沉重负担。1980年，国家政策发生了重大改变，保守党政府提出"产权购买"（Right to Buy）住房私有化改革方案，社会住房的居住者有权购买房屋产权。改革方案实施后，大量用于安排剩余人口的社会住房出现"人去楼空"的现象，地理位置和环境条件恶劣的地区住房空置率显著攀升。住房私有化改革促使以私人建筑开发为主的住房市场快速繁荣，这导致整个20世纪80年代国家公共住房建设速度急剧下降。而且，新建住房适应了市场的需求且普遍位于城市外围甚至更远的地方，这再次加剧了内城人口的向外迁移。针对这一问题，国家出台了旨在引导私人住房投资回归内城地区的一系列措施，城市开发公司（Urban Development Corporation，UDC）和企业开发区（Enterprise Zone，EZ）成为这些举措的核心代表，尤其UDC是整个20世纪80年代英国城市治理政策的主导核心。最先成立的是默西赛德发展公司，其主要任务是对利物浦前南部码头地区进行更新改造。

UDC隶属英国中央政府环境部，是基于政府财政拨款而得以在区域或地方组建的带有企业性质的机构，其职权范围包括区域管理权、城市土地规划权及开发许可权等原属于地方政府的权力，而且UDC可以通过环境部授予的权力合法低价获取有价值的国有土地，有权对开发商的资格进行审批，地方政府不得对其经营活动进行干预，所以本质上讲UDC是环境部在地方的分支机构。政策目标是通过市场导向的城市治理战略，培育创新资本市场与土地住宅市场，利用地方税负的减免、基础设施的供给等弱规划政策，对内城问题严重地区的物质环境进行更新改造，提高土地开发的潜在价值，进而吸引私人资本投资指定区域。

虽然UDC可以得到中央政府财政拨款的支持，但是拨款仅仅是一个吸引更多私人开发商进行投资的手段，UDC的主要运作资金来自向私人开发商售卖与转让土地的收入。UDC的城市治理机制是期望通过市场化的城市改造与更新，吸引大量私人资本从事房地产开发，创造一个经济持续繁荣和物质环境改观的优越外在环境，从而形成城市经济发展与私人资本投资的良性循环，由此内城衰退地区的贫困、失业、排斥等社会问题便可自然得以解决。所以，UDC 的运作模式的实质是对市场机制导向的涓滴理论的应用，这种通过涓滴效应来间接解决城市社会问题的治理逻辑显然有别于自贫民区清理项目以来的自上而下的政府主导的城市治理思维。

（二）第二阶段：政府、私人机构与社区的城市更新政策协调（20世纪 90 年代以后）

1989 年，针对住房私有化改革的 UDC 模式存在一系列问题，一个新型且更加宽泛的概念——区域更新（Renewal Areas，RAs）取代了以前的一般改善地区（General Improvement Areas，GIAs）和住房行动区域（Housing Action Areas，HAAs）。中央政府对过去城市的更新政策进行了认真反思，认为没有将社区的参与从根本上落到实处是过去城市治理效果欠佳的内在原因，区域更新也不应是单一的以市场化为导向的简单运行逻辑（UDC 模式）。区域更新政策立足地方经济发展、住房更新与环境改善等更加宽阔的思维视角，除了继续积极引导私人资本投资外，还将社会、经济和环境等因素纳入决策制定的全过程，通过政府、私人部门以及社区的倾力合作，区域更新项目的内涵更为综合与系统。RAs 是一个涵盖了城市竞标（City Challenge，CC）、统一再生预算（Single Regeneration Budget，SRB）等众多城市更新的政策框架，接下来仅就 CC 和 SRB 两个典型项目进行简要分析。

1991 年，城市挑战计划是 RAs 政策理念的率先体现，这项计划的政策传导机制表现为：英国政府设立城市竞标基金，由地方政府、私人、社区等组成的合作伙伴组织开展竞争，竞争优胜方可使用基金开展合作伙伴组织共同商议策划的城市更新项目。与 UDC 模式的差异在于地方政府关于土地规划及开发决策等权力的回归，将社区居民视为城市更新决策过程的关键环节。1994 年，伴随 RAs 政策的新一轮调整，英国政府对现存的包括城市竞标计划在内的 20 余个城市更新项目进行整合，这些项目本属于不同的部门管理，整合后形成了一个统一的基金，名为"统一再生预算"。SRB 也是延续地方政府、私人、社区三方参与的合作伙伴关系的理念，通过地方合作伙伴竞投英国政府基金的运作机制，从纵深层面扩大了城市竞标计划的政策维度，SRB 成为 20 世纪 90 年代英国城市更新政策的新航标。所以，基金公开竞标和地方伙伴关系一并成为 20 世纪 90 年代英国城市更新政策的两大基石。虽然利物浦政府在 1989 年就引入了 RAs 政策，但是政策落实进展缓慢，直到 1996 年才在多种族的格兰比地区开始实施，城市议会、中央政府和社区民众通力合作，并逐渐将其发展成为包括经济发展、住房更新与环境改善等且诸多社区居民参与其中的城市发展一体化框架。

利物浦也取得了许多 SRB 项目的支持，覆盖布兰克、埃弗顿和沃克霍尔地区（Breckfield，Everton and Vauxhall）的北方利物浦伙伴关系（North Liverpool Partnership）是 SRB 项目的典型代表，其治理目标是解决该地区由衣食住行条件恶劣以及教育就业、社会服务等严重匮乏等种种不利因素导致的社会剥夺问题（Social Deprivation）。这个合作伙伴取得了竞投的胜利，从英国政府获得 2190 万英镑的城市更新项目资金，并将其主要用于经济社会发展、住房与环境改善。[①] 类似地，斯皮克/加斯顿合作伙伴（Speke/Garston）获取 2200 万英镑 SRB 项目基金以用于处理该地区社会、住房和环境问题，致力于挖掘相应地区经济发展潜力。

城市更新深化时期城市治理逻辑与效果评价如下。

第一，城市更新深化时期第一阶段城市治理逻辑与效果评价。UDC 模式的政策逻辑是基于涓滴效应的市场化传导，中央政府通过授予 UDC 城市土地规划与许可开发的权力来激活私人资本对内城的投资热情，以达到改善内城物质环境和缓解人口外迁等各种城市社会问题的目标，这种将本属于地方政府的权限转交给 UDC 的运作模式显然会影响地方政府在城市治理过程中作用的全面发挥。总的来看，UDC 模式在引导私人向内城住房投资方面获得一定成效，而且的确逐步促成了内城人口的温和回归，尤以利物浦前南部码头地区显著。

然而 UDC 模式设计的内在机理依然存在诸多问题：该模式将城市更新改造等同于市场化导向的住房开发行为，这显然是对城市更新概念的片面理解与僵化应用；UDC 模式缺乏对提高社区就业率、增加教育机会等社会

---

① Couch C., Fowles, S., Karecha, J., "Reurbanization and Housing Markets in the Central and Inner Urban Areas of Liverpool," *Planning Practice and Research* 24, 2009, pp. 321–341.

元素的关心，且地方政府声称提高就业率并不是 UDC 模式的核心目标，核心目标是物质环境的更新改造，这一言论恰好反映出撒切尔保守党政府并没有将刺激内需或提高就业率作为政策目标，所以这是撒切尔夫人无法挽回的政治代价。同时，这一言论还宣告地方政府不仅成为 UDC 宽松环境的营造者，也成为 UDC 更大程度发挥土地开发权作用的保护伞，所以其涓滴效应的政策逻辑并没有真正惠及低下阶层的社区居民，这与 20 世纪 70 年代内城更新的 GIAs 和 CDPs 等突出民众参与的城市治理实践相背离；UDC 模式的前提假设是房地产市场的持续繁荣，然而 80 年代晚期住房市场的萧条极大地冲击了众多更新改造项目，公众的社会问题依然严峻。

第二，城市更新深化时期第二阶段城市治理逻辑与效果评价。RAs 的政策体系包含了默西赛德发展公司、城市竞标基金、SRB 等众多更新政策或组织机构，治理逻辑是倾其全部资源投入利物浦等收缩城市的再开发中，从根本上将弱势社区群体纳入城市更新政策的主流，不仅具有发表观点、制定方案和实施决策的权力，更为重要的是还在确保社区群体基层需求与愿望的同时，形成了政府、私人和社区三方凝聚共识的综合城市更新机制，这种三种密切合作的能力甚至成为与 SRB 运作模式相似的欧盟结构基金（Structural Funds）竞投的硬性技术前提。

从政策实施的宏观效果来看，对于 1994～1996 年连续三次的运行，SRB 基金对于严重收缩的城市或地区具有更好的覆盖性，80% 的基金流向 99 个衰退地区，满足了当地的迫切需求，其效果显著优于 20 世纪 70 年代城市计划覆盖的 57 个地区，80 年代 UDC 模式覆盖的 16 个地区以及企业区计划覆盖的 40 个地区，以及 90 年代城市竞标基金覆盖的约 30 个地区。[①]

从利物浦微观视角观察发现，SRB 项目的实施对内城的更新在特定时期取得了相对成功，内城住房得到了翻新改造，社会环境得到一定改善。之所以用"相对"和"一定"来评价 SRB 项目的效果是因为城市收缩或人口减少包括了两个维度问题。一个是外在干预或城市治理无法改变人口结

---

① Couch C., Fowles, S., Karecha, J., "Reurbanization and Housing Markets in the Central and Inner Urban Areas of Liverpool," *Planning Practice and Research* 24, 2009, pp. 321 – 341.

构和趋势层面问题，另一个是可以通过城市治理政策解决内城条件层面问题。显然，由于利物浦居民对城市外围地区新建价廉私有住房需求不断增加，受内城社会住房管理质量差和维护水平低等问题而产生的心理排斥等因素影响，人们宁可选择远离内城，也不愿意选择亟待更新修缮的内城住房居住，内城住房空置率上升，城市破坏等行为增加，这也是包括 SRB 项目在内所有城市更新项目难以根除的核心问题。

第四节　利物浦城市收缩问题研究的阶段总结

自 20 世纪 70 年代以来，大规模的去工业化和经济结构调整以及船坞和传统制造业的急剧衰落严重地冲击了利物浦的经济结构与城市社会发展进程，进而导致人口大量向外迁移的城市郊区化过程，郊区化也是包括利物浦在内众多发达工业化国家城市收缩的重要原因之一。人口的持续流失又进一步恶化了利物浦内城的就业机会和住房市场等方面问题，所以说城市收缩对利物浦的城市经济发展产生的影响涵盖人口结构、住房与土地开发使用、商业与就业、社会结构与教育、环境质量等诸多方面，其中又以人口结构和城市住房问题较为显著。

城市管理者和国家政府对城市收缩的选择无不是接受收缩的事实，合理有序地规划相应地区的土地用途、住房和公共基础设施，以强力政策遏制城市收缩，制定城市发展战略以达到人口回归的目标。显然，针对人口持续减少，英国中央政府和地方政府采取了一系列强力的城市更新政策，极力限制城市外围地区的扩大，从而达到减缓内城人口外迁的目的，经过若干年的城市更新实践，利物浦正步入再城市化的发展轨道中。回顾城市更新政策的历史变革，可以从城市更新思维模式和城市更新治理模式两个角度对其进行梳理总结。

城市更新思维模式转变如下。二战后，受凯恩斯主义的影响，英国城市治理的焦点在于解决住房供给不足的矛盾，强调城市物质环境的更新，采取了大规模的贫民区清理和城市外围新城建设的手段，政府的财政拨款成为这一时期城市更新改造的主要资金来源，但是这种城市更新思维的实践结果导致内城人口持续外流。面对人口减少和内城贫穷、失业等问题的增加，20 世纪 70 年代，政府在继续奉行凯恩斯主义的同时，开始将竞争机制引入城市更新项目的投资中，意识到私人投资的重要性。撒切尔保守党政府上台执政后，全力推行新自由主义，进行了一系列城市住房私有化改革，采取了以私人投资为主导的城市物质更新改造活动，并认为局地效应可以解决和改善城市社区贫困、人口减少等社会方面的问题。包括 UDC 在内的一系列城市更新举措一直持续到 20 世纪 90 年代，但是人们发现新自由主义的城市治理效果并没有达到预想的标准，反而加剧了人口外流，这种私人主导的伙伴关系未能保证社区民众的根本利益，社区的内在需求没有真正纳入城市治理的思维体系。所以，从 20 世纪 90 年代开始，单一的城市更新向多元化的综合城市更新思维转变，区域更新思维应该基于地方经济发展、就业增加、住房更新与环境改善等更加宽广的逻辑视角，既要积极引导私人资本投资，又要将社会、经济和环境等因素纳入决策制定的整个过程，组建政府、私人部门以及社区民众共同参与、倾力合作的公、私、社三位一体，区域更新项目内涵更为综合且可持续发展的城市更新系统，尤其是将社区的内在诉求放在首位。

城市收缩治理模式转变如下。从城市更新思维模式的转变中发现，政府、私人部门和社区民众成为城市更新中较为核心的三个利益代表者，三方在城市更新中的权力平衡成为城市治理机制传导与治理效果的关键。政府代表了国家的意志，体现了国家政权的高层治理格局；私人部门代表的是市场经济，而市场经济的核心又是自由和平等的竞争；社区民众体现的是最基层的百姓利益，而人文关怀才是国家长治久安的内质所在。无论是凯恩斯主义还是新自由主义，民众的利益都应当是政府和市场协调的终极目标，而非之一。民众参与注定成为城市管理的发展趋势，但不会一蹴而就，有反复也会有倒退，这也反映出政府城市治理过程中政策的片断化，还反映出城市发展问题会随着经济的发展与社会的改变而不断变化，其问题也会表现得更加具有复杂性与多样性，但无论如何，社区民众的内在需求都不应被忽视或成为城市规划与治理的牺牲品。

利物浦作为英国城市更新的一个缩影，完美地诠释了政府、私人部门和社区民众三向权力的演变。从 20 世纪 70 年代甚至更早期城市更新所体现出的自上而下的政府主导模式，到 80 年代政府管制弱化的市场机制主导模式，再到 90 年代以来城市更新所体现的自下而上的社区民众主导模式的发展演变中我们发现：新自由主义意味着公私合营模式正在接管传统的公共计划领域，这说明政府治理城市的政策性质已经发生改变。管理（Governance）这个词语试图表明解除管制、推进私有化和自由化的进程。① 管制（Government）和管理（Governance）的区别在于管制代表了等级制和中央集权模式的运行状态，而管理指的是一种放权和网络化的引导状态。通过这种转变，权力不再唯一地集中在国家层面，而是基于城市建设中介与国家、市场和文明社会之间的协调，这就意味着一个"弱规划"时代的来临。城市收缩问题治理思维与模式的转变如表 5.2 所示。

表 5.2　城市收缩问题治理思维与模式的转变

治理内容	20 世纪 40 年代至 20 世纪 60 年代中期	20 世纪 60 年代中后期至 20 世纪 70 年代晚期	20 世纪 80 年代至 20 世纪 90 年代	20 世纪 90 年代以来
城市更新目标	清理贫民区、促进就业	解决社会贫困与社会排斥	提高内城的吸引力、促进内城经济发展与社会转型	社区更新改造
城市更新思维	凯恩斯主义，城市计划经济管理，以城市物质更新为核心	凯恩斯主义，城市计划经济管理思想，以城市物质更新为主	新自由主义思潮，全面引入竞争机制，极力推进经济私有化改革，以房地产为导向的城市物质更新	可持续、多目标的城市综合发展思维
城市治理政策	清除贫民区、新城运动	教育优先区、城市计划、GIAs、内城更新	城市开发公司（UDC）、企业开发区	城市竞标、统一再生预算（SRB）、社区计划、合作伙伴关系
城市更新的空间选择	贫民区	贫困衰退区	内城衰退区和中心区	区域一体化

① Kuhnert, N., Ngo, A. L., "Governmentalizing Planning," in Oswalt, Philipp, eds., *Schrumpfende Städte II-Handlungskonzepte* (Ostfildern Ruit：Hatje Cantz Verlag, 2005).

续表

治理内容	20 世纪 40 年代至 20 世纪 60 年代中期	20 世纪 60 年代中后期至 20 世纪 70 年代晚期	20 世纪 80 年代至 20 世纪 90 年代	20 世纪 90 年代以来
政府的地位	政府主导、以公共资源为基础、福利主义	政府主导、以公共资源为基础、福利主义	政府地位边缘化、公私双向合作关系、政府"诱导"私人投资	政府机构（弱规划和边缘化）、私人部门、社区民众三方合作伙伴关系的协调、引导及促进
私有部门地位	零散的自发性投资	与政府及共有部门的初步合作，投资自发性	政府积极引导私人进行内城投资，私有部门的地位超过地方政府	公、私、社三方伙伴关系的重要投资者
社区地位	普遍为贫苦居民，没有城市更新的决策权	福利主义的享有者，几乎没有城市更新的任何决策权	社区地位边缘化，涓滴效应的有限受益者	社区参与成为城市治理政策的核心，三方伙伴关系的权力掌握者
城市治理权力特征	政府主导	政府主导、自上而下	市场主导、自上而下、政府与私人双向合作关系，私人部门成为城市更新的核心	三方合作伙伴关系为前提，自下而上与自上而下的组合决策模式
城市治理效果	特定范围的贫民区拆除，没有从根本上解决城市社会问题，引发了社会差异、邻里关系断裂等新问题	政府主导下的城市更新效果有限，且缺乏社会资金支持	以 UDC 为核心的城市治理措施刺激了经济的发展，但依然没能阻止城市收缩，以房地产开发为导向的城市治理模式未曾考虑社区民众的内在需求	区域更新政策在以往的众多项目中覆盖面最大、更加系统化与综合化，极大地满足了社区民众在城市更新中的内在需求，但社会排斥与社会极化问题依然突出

第六章 从收缩到再增长：莱比锡与利物浦城市发展的比较研究

纵观欧洲城市发展的历史，持续的增长与繁荣似乎成为众多城市演变的经典修辞，然而并不是所有的城市都能够如此的幸运，工业衰退、人口外迁导致莱比锡、利物浦、热内亚、俄斯特拉发这些历史名城的人口大量流失，城市收缩成为困扰这些城市发展数十年的核心难题。1990 年政治变革以后，城市收缩问题开始向欧洲东部蔓延。截至 2005 年，东欧国家超过 20 万人口的大都市中逾 7 成表现为持续收缩，城市收缩正在成为许多欧洲城市发展中的一个普遍现象，也是欧洲城市未来发展的困境所在。[①]

正如笔者对城市收缩的界定所言，城市收缩往往表现为人口的永久性流失，这也是众多收缩城市经历的普遍现象。与城市增长的研究一样，虽然针对这种普遍存在的城市收缩现象及其发展过程的研究已取得较为丰富的成果，但是笔者发现，在极度增长与极度收缩的两极之间似乎存在一种被城市发展研究忽视的城市演变轨迹：一些城市经历了收缩之后开始逐渐出现城市人口的回流迹象，或者称之为再城市化过程，即便是一个城市的不同区域也开始出现收缩和增长并存。虽然城市发展周期理论在某种程度上为城市收缩和城市再生二者关系的研究提供了一个前期理论框架[②]，但是

---

① Turok, I., Mykhnenko, V., "The Trajectories of European Cities 1960 – 2005," *Cities* 24, 2007, pp. 65 – 182.

② Berg, L. van den, Drewett, R., Klaassen, L. H., Rossi, A., Vijverberg, C. H. T., *Urban Europe, A Study of Growth and Decline* (Oxford: Pergamon Press, 1982), p. 195.

城市发展周期理论仅限于一个连续的时间周期，或者说城市化、郊区化、逆城市化以及再城市化具有严格的时间先后顺序：城市发展新阶段的开始标志着原有阶段的终止。然而，针对城市收缩与城市再增长近年来表现出的共生性或者说潜在的交叉反复性的新问题，原有一致性的经典理论框架显然解释力有限。

尽管近几年出现了一些有关人口回流、再城市化的研究文献，①②③ 但是随着时间的推移，城市收缩与再城市化的共存和交替也加剧了欧洲国家城市发展问题的复杂化。德国的莱比锡和英国的利物浦从 20 世纪 30 年代开始经历了漫长而痛苦的城市收缩过程。进入 2000 年，虽然莱比锡和利物浦的城市人口发展趋稳并表现为温和缓慢的增加，但是城市的部分地区仍然是人口的流出地。政治、经济、住房、环境等问题导致的城市收缩以及长期收缩之后的城市人口再增长显然是经济全球化、社会经济转变等宏观因素与中央政府、地方政府公共职能、决策机制、城市规划等多层面相互协调与作用的结果。

为此，本章选择德国的莱比锡和英国的利物浦两个欧洲城市作为研究对象，试图从微观层面研究、分析城市发展的历史轨迹。究竟哪些因素导致了人口长期减少，如何理解和评价城市收缩之后的人口再增长，二者之间具有怎样的相互关系及因果联系，或者说这种城市再增长是根本性的转折，还是仅仅表现为一种短期趋势，对于这类城市未来的发展趋势及面临的挑战的分析不但对城市规划与发展具有迫切的现实政策意义，还具有深远的历史逻辑意义，所以这也正是本章的研究兴趣所在。

---

① Couch C. , Fowles, S. , Karecha, J. , "Reurbanization and Housing Markets in the Central and Inner Urban Areas of Liverpool," *Planning Practice and Research* 24, 2009, pp. 321 – 341.

② Haase, A. , Kabisch, S. , Steinführer, A. , "Reurbanisation of Inner-City Areas in European Cities," in Sagan, I. , Smith, D. , eds. , *Society, Economy, Environment-Towards the Sustainable City* (Gdansk, Poznan: Bogucki Wydawnyctwo Naukowe, 2005).

③ Buzar, S. , Ogden, P. E. , Hall, R. , Haase, A. , Kabisch, S. , Steinführer, A. , "Splintering Urban Populations: Emergent Landscapes of Reurbanisation in Four European Cities," *Urban Studies* 44, 2007, pp. 651 – 677.

第一节　莱比锡与利物浦城市发展比较
研究的前提基础

比较是人类认知、区分和证实一切事物相似性与差异性之间相互关系以及因果联系的最为常见的逻辑思维方式与科学研究方法，比较不仅有助于认识客观事物的本质特征，还有助于把握事物变化的一般规律。城市从增长到长期的收缩再到增长的时空演变与历史转换为城市发展研究提供了新颖的比较素材。而良好的比较研究不仅包括了寻求事物相似性和共同发展规律的求同比较，还包含了事物发展中存在的特殊性和异质性的求异比较，求同与求异比较可以促使人们更充分地认知事物发展的多元与统一。

从对 1960 年至 2005 年 310 个欧洲城市人口的发展轨迹研究来看，城市分为持续衰退城市、长期衰退城市、中期衰退城市、近期衰退城市、长期复兴城市、中期复兴城市、持续增长城市等 9 大类；其中持续衰退的城市包括莱比锡（民主德国）和伍佰塔尔（联邦德国）两个德国城市以及利物浦、格拉斯哥和纽卡斯尔三个英国城市。[①] 增长的城市主要集中在欧洲西部和西南部，衰退的城市则遍布欧洲东部和东北部大陆。然而，从城市发展演变的类型划分来看，位于欧洲西部的利物浦与连接东西部的莱比锡似乎并不属于增长城市的范畴。

从图 6.1 和图 6.2 中笔者发现了一个从统计口径的角度来看与 Turok 等研究略有出入的迹象。虽然两个城市都经历了长期的人口减少，但是近年来人口减少趋势已经停止，莱比锡从 2000 年开始表现出人口的温和增加，利物浦的人口也在 2010 年出现了 1965 年以来的第一次增长。经典的城市发展理论印证了一个观点：一座城市或相应区域走向衰退的征兆就是这里的人口不再增加、经济停滞及其国际地位不断下降。莱比锡和利物浦的各级

---

① Turok, I., Mykhnenko, V., "The Trajectories of European Cities 1960 – 2005," *Cities* 24, 2007, pp. 65 – 182.

政府显然深切理解这一城市发展的历史规律。如果说 Turok 等为我们展现了欧洲城市兴衰发展与历史转变的广阔场景，那么笔者的落脚点就是要从城市或地区层面分析莱比锡和利物浦这两座城市近年来人口发展的变化趋势，以及变化背后所涉及的城市收缩与再增长转换的内外动力源泉。

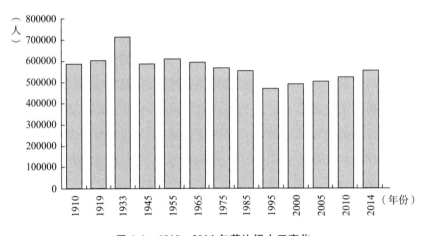

图 6.1 1910～2014 年莱比锡人口变化

资料来源：德国联邦统计局，https://www.destatis.de；莱比锡市统计局，http://english.leipzig.de。

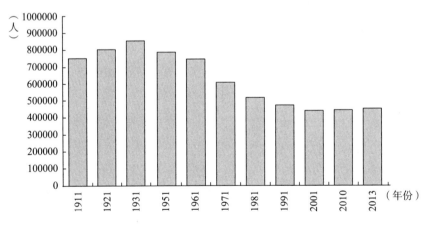

图 6.2 1911～2013 年利物浦人口变化

资料来源：英国国家统计局，http://www.ons.gov.uk/；利物浦市议会，http://liverpool.gov.uk/。

　　所以，从相似性角度来看，莱比锡和利物浦城市发展比较研究的基础主要可以归纳为三个方面。首先，两座城市的人口演变周期和发展路径具有高度的相似性。莱比锡从1933年的最多71.3万人减少到1998年的43.7万人，降幅为38.7%。利物浦则从1933年的87万人下降到2001年的43.9万人，降幅为49.5%。1999年至2010年，莱比锡人口增长7.6%；2001年至2010年，利物浦人口增长1.3%。截至2010年，莱比锡人口大约为52.3万人，利物浦约为44.5万人。[1][2][3] 所以，两座城市可以在一定程度上成为长期收缩城市的典型代表，人口减少从20世纪30年代一直持续到20世纪90年代末和21世纪早期，并且数十年过后，两座城市似乎能够离开收缩的发展路径，保持稳定的人口规模且略有增加。其次，在世界城市发展史上，莱比锡和利物浦都处于优越的地理位置，也是其所在国家乃至世界经贸发展的战略性城市。莱比锡位于传统欧洲商业路线的交叉路口，是历史上重要的商业与贸易城市，其得天独厚的地理位置以及莱比锡"城市博览会之母"的盛誉成为经济发展的重要基础。利物浦位于英格兰西北部，默西河口的东岸，默西赛德郡首府，是英国的第二大港口城市和重要的商业中心。港口经济、海外贸易、工业革命注定了利物浦城市经济的空前发展，特定的时代与特殊的模式也极大地催发了利物浦伴生行业的兴起与繁荣。可见，莱比锡和利物浦一直是它们所在国家中重要的商业、贸易和工业中心，并且都经受了城市功能丧失、去工业化和经济社会结构转型的冲击。最后，两座城市都经历了城市收缩导致的包括高失业率、年轻人口外迁、住房空置、土地废弃等一系列经济社会发展的现实难题，其中住房空置和高失业率等依然困扰两座城市今天的发展，政府也都不约而同地采取了若干城市治理政策。

---

① Rink, D., Haase, A., Bernt, M., "Work Package 2: Urban Shrinkage in Leipzig and Halle, the Leipzig-Halle Urban Region, Germany," *Shrink Smart*, 2010.

② Couch, C., Cocks, M., "Underrated Localism in Urban Regeneration: The Case of Liverpool, a Shrinking City," *Journal of Urban Regeneration and Renewal* 4, 2010, pp. 279 – 292.

③ Couch C., Fowles, S., Karecha, J., "Reurbanization and Housing Markets in the Central and Inner Urban Areas of Liverpool," *Planning Practice and Research* 24, 2009, pp. 321 – 341.

此外，从差异性角度来看，政治制度、经济体制、社会需求的不同也为比较研究奠定了丰富而多层面的基础。即使说长期以来资本主义市场经济为利物浦的城市发展提供了丰富的社会私人资本是一种幸运，也似乎并没有改变 20 世纪 50 年代以来城市衰退的趋势。在苏维埃政权近 40 年的统治时间里，计划经济体制的直接影响就是私人资本市场的衰落，也使莱比锡免受市场经济和自由竞争的冲击，并维持了相对稳定的工业结构和城市结构，然而国家保护主义也没有改写莱比锡民主德国时期城市持续收缩的历史。1990 年德国统一，莱比锡的政治、经济、社会面临深刻而剧烈的历史变革与制度再设计。

因此，莱比锡和利物浦在展现了相似的历史和空间结构的同时，其显著的差异性也为比较研究提供了充分的前提基础。笔者将在具体城市的特定政治经济背景下来分析、比较城市发展演变的原因和相应的城市政策。城市战略规划的重要性不仅体现在其城市功能和地位的完善和稳定方面，还要在更广泛的层面上平衡经济压力与本地需求。政治人物在城市层面做出的决策具有影响城市未来发展的潜力，然而许多国家城市领导者的视野较为局限，仅仅着眼于如何提高城市在国家乃至世界的竞争力以面对全球化的挑战，殊不知经济活动和人正深深根植于现实的城市当中，城市建设与居民融洽和谐才是一座城市持续健康发展的核心动力。此外，两座城市也是热内亚、格拉斯哥、曼彻斯特、伯明翰等大多数欧洲同等规模早期工业化城市发展轨迹的典型代表。

第二节　莱比锡与利物浦城市收缩原因的比较分析

一　传统经济衰落、城市功能丧失、去工业化与城市收缩

历史上，莱比锡和利物浦都以其独具特色的经济发展模式、优越的经济地理位置和悠久的工业文明快速崛起并成为欧洲乃至世界政治经济版图的战略城市。工业革命超越了人类的自然生理界限，对城市空间结构变革产生了重大影响，使农业社会向工业社会转变，这不仅仅意味着工业化时

代的来临，而且工业化还彻底改变了传统的运输模式，形成了完全异于过去任何时代的空间新秩序。莱比锡位于欧洲东西向与南北向的重要商业通道上，自1880年工业化以来，以印刷业为主导产业的莱比锡进入了人口快速增长期。从中世纪的商业中心到19世纪的工业中心，乃至20世纪初期的国际著名商贸展览中心和文化中心，以及1871年国家最高法院和国家图书馆的建成，1915年正式运营的连接德国乃至欧洲的绝大部分城市的中央车站，莱比锡一直是德国乃至欧洲中部重要的工业、贸易城市，行政中心和枢纽城市。[①] 所以，19世纪70年代以来，莱比锡成为欧洲增长最快的城市之一，仅次于柏林、格拉斯哥和布达佩斯。与莱比锡城市崛起要素相似，位于英格兰西北部、默西河口东岸的利物浦也得益于工业经济的发展和发达的港口贸易。18世纪晚期，利物浦就已成为世界著名的海港，贸易额占据世界贸易总额的40%。1830年，伴随着世界第一条客运铁路的开通（利物浦—曼彻斯特），利物浦成为英国第二大都市。殖民经济、海外贸易以及工业革命促使利物浦城市快速兴起与繁荣。

然而，1929年至1933年的世界经济危机、去工业化、国际竞争加剧彻底打乱了这两座城市强势发展的节奏。经济危机对所有资本主义国家的工业、商业、金融等领域造成了极大的破坏，尤其对贸易的冲击最大，整个资本主义国家贸易总额缩减2/3，全球失业人数为数千万名。同时，经济危机也深刻影响着莱比锡和利物浦的城市发展。1929年至1933年的世界经济危机彻底打破了莱比锡百万人口大都市的梦想。由于经济危机、市场地位的丧失以及纳粹反城市政策，人口从20世纪30年代开始显著减少。战争期间，对犹太种族群体的驱逐行动、轰炸以及战争期间人口出生率的快速下降是导致人口大幅减少的主要原因。尽管莱比锡曾是生还者和避难者的目的地，但是直到20世纪50年代初期，人口仅仅增加了大约4万人。[②] 加之，德国分裂对工业及相关产业功能造成了严重而深远的影响。莱比锡一度被

---

① Grimm F. D. , "Return to Normal-Leipzig in Search of Its Future Position in Central Europe," *Geo-Journal* 36 , 1995 , pp. 319 – 335.

② Rink, D. , Haase, A. , Bernt, M. , "Work Package 2: Urban Shrinkage in Leipzig and Halle, the Leipzig-Halle Urban Region, Germany," *Shrink Smart*, 2010.

排除在统一时期的城市体系之外，也被早已建立起贸易联系的欧洲市场孤立，丧失了重要的经济政治地位。一度著名的莱比锡展览会也降级为经济互助国家的小规模交易展览会，丧失了历来服务整个欧洲大陆的集聚功能。莱比锡去工业化的过程主要体现在德国统一后几年内，煤炭等传统产业开始衰退，老工业基地成为城市弃管的"棕色地带"。政府寄希望于第三产业的发展来对冲去工业化的负面效应，但政府显然低估了去工业化对城市收缩在强度和结果上的深远影响。20 世纪 90 年代的前 3 年，民主德国的工厂大幅裁减人员，制造业企业大规模倒闭，80% 的工作岗位被裁撤，仅莱比锡就有近 9 万个岗位受到去工业化的影响，区域内劳工市场丧失 3 成以上的就业机会，失业率大幅攀升，人们为了寻求更好的就业机会纷纷离开莱比锡，从而加剧了城市收缩。[①]

与莱比锡相比，利物浦码头经济的衰落是导致城市收缩的直接原因。20世纪 30 年代的经济危机导致利物浦的对外贸易额急剧下降，加之利物浦航道环境恶化、远洋轮船与集装箱技术的运用直接导致刚刚走上繁荣的利物浦遭遇严重衰退。集装箱技术的引进提高了商品装卸的效率，减少了对落后、小型码头的需求，进而对码头工人的需求数量急剧下降，这对利物浦港口经济与城市发展的影响尤为深远，截至 2007 年，港口类就业岗位仍然是城市经济的边缘岗位。外部竞争及对传统产品的需求下降导致利物浦港口经济及其伴生行业衰退，进而失业率提高。去工业化彻底动摇了 19 世纪末期以来利物浦港口经济的工业基础和社会秩序，利物浦不再是繁荣的全球性港口，人口外流、缺乏竞争力等城市发展的棘手问题促使利物浦成为流动空间。所以，从 20 世纪 70 年代开始，利物浦经历了大规模的去工业化和经济结构调整的过程，利物浦的船坞和传统制造业急剧衰落，航道环境恶化，港口功能丧失，大量码头工人失业，土地与建筑等基础设施闲置废弃，众多制造业企业倒闭或外迁，人口开始急速减少。单一产业主导的城市经济发展及与其伴生行业的依存关系注定了城市收缩的宿命。

---

① Rink, D., Haase, A., Bernt, M., "Work Package 2: Urban Shrinkage in Leipzig and Halle, the Leipzig-Halle Urban Region, Germany," *Shrink Smart*, 2010.

总之，莱比锡和利物浦城市收缩的相同之处在于：一方面，传统特色经济以及支柱产业的衰落导致两座城市不同程度的人口减少；另一方面，在变化的世界经济环境和激烈的国际竞争背景下，过于依赖制造业和外部环境令两座城市经济发展体系格外脆弱，并且这种缺乏多元化产业支持的城市发展模式本身就是最大的问题。不同之处在于，虽然去工业化带来的一致性影响就是制造业衰退，失业人数大幅增加，人们为了寻求更好的就业机会和生活环境而迁至其他新兴产业城市，但是去工业化以及上述两方面的收缩原因根植于不同的政治体制之下，这也是接下来将要阐述的内容。

二 政治体制、政府逻辑、城市设计与城市收缩

如果说传统经济衰落、城市功能丧失、去工业化是基于外在客观经济环境变化而成为城市收缩的原因，那么基于政治体制、政府逻辑及其引领下的城市设计就成为城市收缩的主观原因。二战后，莱比锡75%的建成区逃脱了城市物质空间破灭的悲剧，大量始建于19世纪和20世纪早期的城市建筑得以保留。然而，这些历史建筑密集区为何持续面临人口减少问题，以及人口减少引发的严重住房空置问题？德国分裂后，虽然民主德国时期的城市重建和经济回暖，但是莱比锡的居住条件在吸引力方面显然次于繁荣发展的联邦德国，因此，在20世纪50年代民主德国边界开放时期，大量年轻人、具有一定技能的人口迁至联邦德国的部分城市。这主要是因为民主德国城市建设的基本任务就是从形式和内容上建立高度发达的社会主义城市物质空间。在这段时期，莱比锡不但没有从中央投资项目中获益，工业还持续衰退。内城大面积破败，由于住房投资忽视了老城区，而偏好城市外围新建住房，年轻劳动人口迁至民主德国其他新兴工业化城市。此外，由于20世纪60年代避孕药的引入和自由流产政策的实施，生育率再次快速下降。城市收缩的一些典型影响显而易见：住房空置，破败、陈旧的基础设施以及人口定向迁移带来的城市社会人口结构的改变等。

从20世纪60年代莱比锡市中心的战后重建到70年代对历史建筑的保

护处理再到 80 年代城市建设的集约化发展，莱比锡内城设计显然基于社会主义计划经济的思想分阶段开展与实施，是一种上层建筑的城市设计思维与中央集权理念的真实体现，其规划目标是要打造社会主义建筑风格的城市，因此规划思维更加偏向在城外新建住房以提供更多的居住空间。与大多数社会主义国家或城市一样，缺少民主德国的优先支持显然是城市更新未能得到重视的根本原因所在。此外，民主德国忽视传统工业城市和地区的振兴，尤其是忽视了相应工人阶级居住区的更新与改造，工人阶级居住区大多位于莱比锡城市中心，民主德国并没有对这些条件恶劣的住所进行翻新，而是在远离城市中心的郊外大规模新建预制高层住宅区。民主德国的住房政策直接造成内城人口减少和随之而来的住房空置问题，这也为 20 世纪 90 年代早期大规模城市郊区化的过程埋下了隐患。柏林墙倒塌后，莱比锡的社会、经济和空间发展追随了德国西部的发展模式，城市蔓延成为城市发展的主流趋势。与衰败的内城相比，郊区新建住房对于城市人口更具吸引力，加之房屋产权的法律制度改革，内城建设相对滞后，从而加速了城市的郊区化进程，内城人口大幅减少。

比较而言，日益激烈的国际竞争也为利物浦商业发展增加了困难，并且利物浦的命运也与英国的国际经济地位紧密相连，1913 年英国衰落，利物浦也随之衰落。[①] 虽然，工业化促进农村人口大量涌入利物浦，为城市提供了大量廉价劳动力，但是由于这些外来人口具有极为有限的住房支付能力，这种高密度的打工人口聚居在低劣贫困的环境里，进而形成了贫民区。如果说产业结构调整以及去工业化是经济发展演化的必经之路，导致的城市收缩具有一定的客观性，那么始于 20 世纪 40 年代的西方国家城市更新项目就是基于政府主导的一种城市改造运动，尤其是针对贫民区的污染、卫生、贫困和安全问题到处蔓延的早期治理政策，引发的城市收缩也就具有一定的主观性。二战后，利物浦开始了大规模的城市重建。内城住房是政

---

① Wilks-Heeg, S., "From World City to Pariah City? Liverpool and the Global Economy, 1850 – 2000," in Munck, R., ed., *Reinventing the City? Liverpool in Comparative Perspective* (Liverpool: Liverpool University Press, 2003).

府尤为关心的问题，轰炸带给城市的战争破坏、士兵复员、出生率增加，尤其是长期以来的贫民区问题共同促使住房问题成为城市政策首要关心的问题。[①] 1944 年默西赛德计划的核心思维就是清理和再定位。

利物浦政府为了满足城市人口住房的迫切需求，降低利物浦内城区住房的密度，在 20 世纪 50 年代至 70 年代实施了贫民区清理项目，主要包括对内城区的改造和对贫民区的清理。其中对于贫民区的处置方式为彻底消除贫民区，将贫民区全部拆除，转移相应居民，拍卖土地，吸引高额税收公司建设厂房。政府在利物浦郊区直接投资建设廉租公共住房以满足清理项目驱逐的城市贫困人口的住房需求。虽然贫民区清理项目降低了利物浦内城区的住房密度，但新城镇的开发导致了城市的快速蔓延，内城区的人口大幅减少，而且这个贫民区清理项目并没有从本质上解决贫民区带来的卫生、污染、安全等问题，只不过将贫民区从内城区转移到了城市郊区。在公共部门引导的城市郊区化进程中，大量新建住房超出了城市的边界，因此造成利物浦人口减少。

总之，从城市改造或城市设计的角度来看，民主德国时期的莱比锡和资本主义制度下的利物浦的政府行为均造成了内城人口的大幅外迁，产生了一种主观因素的城市收缩。民主德国在郊区新建高层住宅以安置工人阶级的做法与英国清理贫民区的做法具有高度的相似性，并且都是基于政府当局对财政、能源节流、提高容积率、改善内城环境的考虑而进行的城市改造。然而，无论是莱比锡的造城运动还是利物浦的贫民区清理项目都没有充分考虑居民的真实需求，不但没有从本质上解决内城区的卫生、污染、安全等问题，还从根本上瓦解了业已存在的稳定的邻里关系与社会结构，造成社会结构的分层与断裂，这无疑加速了城市收缩的进程。同时，城市建设也好，贫民区清理也罢，政府并没有认识到这些表面现象绝不仅仅是民有所居的住房问题，而是城市发展过程中的矛盾多元、综合复杂的社会问题。此外，莱比锡在城市治理理念上对内城更新改造疏忽造成的影响显

[①]　Murden, J., "City of Change and Challenge: Liverpool since 1945," in Belcham, J., ed., *Liverpool 800: Culture, Character and History* (Liverpool: Liverpool University Press, 2006).

然要比英国注重内城更新的政策实践产生的影响更为严重和深远，这也是政治经济体制不同或者说政治变革引发的效应在城市发展中的深刻体现。

第三节　莱比锡和利物浦城市再增长的原因比较分析

虽然两个城市都经历了长期的人口减少，但是近年来人口减少趋势已经停止，莱比锡从 2000 年开始表现出人口的温和增加，利物浦的人口也在 2010 年出现 1965 年以来的第一次增长，并且城市发展正处于再城市化的进程中。[①] 从城市收缩到城市再增长，这几乎是世界上所有收缩城市都期望的景象，毕竟人口的增加是一个城市经济发展或复兴的重要指示器。与城市收缩的形成机制所表现出的多元性、复杂性一样，城市的再增长显然也是人口因素、家庭结构、公共政策、决策机制、城市规划等相互协调与作用的结果。为了更好地甄别这种城市再增长的原因和性质，本节将从两座城市再增长的市场自然选择和政府能动性两个主要方面进行比较分析，以便得出一个科学合理的结论。

一　城市再增长的一个逻辑猜想和框架

在笔者研究的过程中存在疑问，城市收缩与城市蔓延之间存在何种关系，或者说城市蔓延是不是简单地等同于城市扩张，进而城市扩张是否会推翻城市收缩研究的必要性，这种城市蔓延与城市再增长之间又存在怎样的逻辑关系？关于城市收缩的原因，笔者已经进行了大量的分析，收缩的主要表现就是内城人口的大幅减少，或者迁至其他城市，或者迁至城市的外围地区或郊区。我们可以将内城人口迁至郊区视为一种城市蔓延的现象。然而，这种城市蔓延并不等同于城市的扩张。

图 6.3 列示了城市蔓延的两种类型，一种是政府或市场主导下内城增长

---

① Couch C., Fowles, S., Karecha, J., "Reurbanization and Housing Markets in the Central and Inner Urban Areas of Liverpool," *Planning Practice and Research* 24, 2009, pp. 321 – 341.

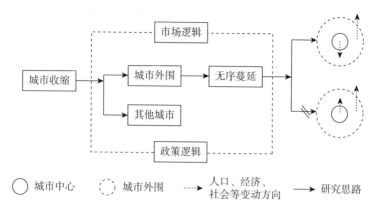

图 6.3 城市再增长的一个逻辑框架

与城市外围物质空间扩张的双赢格局，外城的扩张和人口增加并没有以牺牲内城的增长为代价，或者说内城人口减少并不显著；另一种则是众多欧美国家收缩城市的典型代表，停滞或衰退的内城成为人口的流出地，并且往往以政府权力和地方政策为主导，并非市场的力量驱动。[①] 以内城衰退为代价的城市蔓延是一种零和游戏。[②] 笔者并不赞同这一观点，因为零和游戏表现出一种正负相抵的结果，然而对于众多收缩城市而言，城市外围地区增长并没有弥补牺牲内城发展导致的损失。此外，内城人口不仅流向外围地区，还有相当一部分流向了其他城市，单从人口数量这一角度来看，城市蔓延显然不是零和游戏。城市再增长的过程主要表现为人口迁回城市，尤其是城市中心和城市内环的人口再流入，这个过程也被称为城市发展的再城市化阶段。[③] 莱比锡和利物浦都经历了特定时期政府主导的内城收缩与外城扩张，其政策效果就是加剧了内城人口的进一步减少。那么如何实现城市再增长，控制城市蔓延、增强城市竞争力、改善城市物质空间是否顺

---

① Nuissl, H., Rink, D., "The 'Production' of Urban Sprawl in Eastern Germany as a Phenomenon of Post-Socialist Transformation," *Cities* 22, 2005, pp. 123 – 134.

② Couch, C., Karecha, J., Nuissl, H., Rink, D., "Decline and Sprawl: An Evolving Type of Urban Development-Observed in Liverpool and Leipzig," *European Planning Studies* 13, 2005, pp. 117 – 136.

③ Berg, L. van den, Drewett, R., Klaassen, L. H., Rossi, A., Vijverberg, C. H. T., *Urban Europe, A Study of Growth and Decline* (Oxford: Pergamon Press, 1982), p. 32.

理成章地成为政府实现城市再增长的逻辑思路呢？接下来的内容一方面将针对莱比锡和利物浦人口趋势、家庭结构等自然因素引发的城市再增长进行比较分析；另一方面将基于莱比锡和利物浦两座城市的更新治理措施的简要回顾对笔者提出的逻辑假设进行比较分析和论证。

二　从收缩到再增长：莱比锡和利物浦人口迁移、家庭结构转变的比较分析

首先，从人口迁移角度来看。移民莱比锡的人口主要来自萨克森州和其他德国东部的联邦州，从年龄结构来看主要为18~30岁的年轻人，内迁人口包括学生、技术工人和其他方面的专业人员，学生数量从1990年的1.8万人增长到2008年的3.6万人（见图6.4）。[①] 其他方面的人口减少驱动力也失去了影响，郊区化已经停止，曾经增长的城市外围地区的部分人口迁回内城。莱比锡进入了一个以内城重获人口，外围地区及腹地人口增长停止甚至转为减少为特征的再城市化新阶段。同时，迁至德国西部的人口发展趋势也发生了反转。在2010年，自德国统一以来，莱比锡人口以"内迁6281人比外迁5822人"的统计结果第一次显示了人口迁移正平衡。[②]与莱比锡相比，利物浦从2001年开始经历了10余年的人口稳定增长，人口从2001年的43.9万人增加到2011年的45万人，开始逐渐呈现再增长的迹象。[③] 一方面，这一时期的人口自然增长率为正值。人口出生扣除死亡的数值从2004年的200人，增加到2009年的超过1100人。[④] 从年龄结构来看，如图6.5所示，2001年以来，虽然小于19岁和30~49岁人口依然表现为持续减少，但是20~29岁人口数量显著增加。另一方面，大规模的贫民区清理运动已经在20世纪70年代停止，代之以住房翻新政策和地区更新政策。这一系列政策的实施消除了过剩人口对住房的需求，所以郊区化进程在

---

① Rink, D., Haase, A., Bernt, M., "Work Package 2: Urban Shrinkage in Leipzig and Halle, the Leipzig-Halle Urban Region, Germany," *Shrink Smart*, 2010.

② Stadt Leipzig, "Amt für Statistik und Wahlen. Statistischer Quartalsbericht II," Leipzig, 2011.

③ Stadt Leipzig, "Amt für Statistik und Wahlen. Statistischer Quartalsbericht II," Leipzig, 2011.

④ 详见英国国家统计局：http://www.neighbourhood.statistics.gov.uk。

2000 年到来之际基本停止。

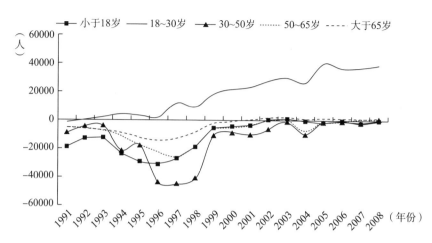

图 6.4　1991～2008 年莱比锡人口年龄结构变化趋势

资料来源：Rink, D., Haase, A., Bernt, M., "Work Package 2: Urban Shrinkage in Leipzig and Halle, the Leipzig-Halle Urban Region, Germany," *Shrink Smart*, 2010。

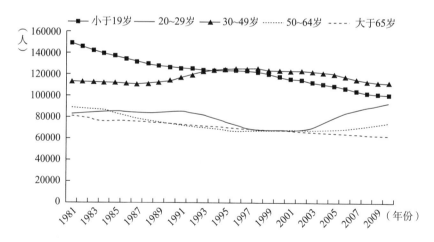

图 6.5　1981～2009 年利物浦人口年龄结构变化趋势

资料来源：Couch, C., Cocks, M., "Work Package 2: Urban Shrinkage in Liverpool, United Kingdom," *Shrink Smart*, 2010。

　　其次，从家庭结构来看，人口内流不但奠定了再城市化的基础，恢复了这些内城地区的活力，而且还经历了社会人口结构的变化，同时这种人口结构的变化也促进了城市的再发展。就莱比锡而言，1971 年以来，莱比锡单身家庭的数量逐渐增加，2000 年单身家庭住房实际租用数量约为 3.5 万户，主要为 30 岁以下年轻人，到了 2006 年，这个数值增加到 6.5 万户。伴随着年轻单身家庭、同居群体和合租群体新家庭类型的出现，40 岁以下人口比例正在增加，同时这些内迁人口主要来自有子女、单亲的移民家庭。① 此外，从家庭数量结构角度来看，1995 年 31% 的莱比锡市民居住在 3 人或以上的家庭住房，13% 的市民居住在 4 人或以上的家庭住房，然而到了 2007 年，这两个比例分别下降到 14% 和 5%。2007 年，单身和 2 人家庭住房占据了莱比锡整体家庭数量结构的 85% 以上。②

与莱比锡相比，1971 年至 2001 年，虽然利物浦人口从 61 万人下降到 44.2 万人，降幅约为 28%，但是家庭数量没有发生剧烈下降的现象。1971 年总计 19.4 万户家庭，到了 2001 年仍然有 18.8 万户家庭，下降幅度仅为 3.1%。③ 这主要是因为利物浦的平均家庭规模下降趋势体现出与国家整体趋势的一致性。越来越多的年轻人和老年人选择单独居住生活，而且许多家庭生养孩子的数量明显减少。在 1971 年，平均每户家庭有 3.1 个人，然而到了 2001 年下降到 2.4 个人，换言之，在 1971 年大约每 1000 人需要 323 套住房，但是 2001 年同样的人口需要 417 套住房，所以住房需求下降速度低于人口下降速度。从家庭数量结构来看，2001 年，23% 的利物浦市民居住在 3 人的家庭住房，18% 的市民居住在 4 人或以上的家庭住房，然而到了 2011 年，这两个比例分别下降到 15% 和 11%，2011 年，单身和 2 人家庭住房占据了利物浦整体家庭数量结构的 68% 以上。④

总之，无论是从人口内迁大于人口外迁、人口自然增长平衡，还是从

① Steinführer, A., Haase, A., Kabisch, S., "Leipzig-Reurbanisierungs Prozesse Zwischen Planung und Realität Das Beispiel Leipzig," in Kühn, M., Liebmann, H., eds., *Regenerierung der Städte Strategien der Politik und Planung im Schrumpfungskontext* (Wiesbaden: VS Verlag, 2009).

② Haase, A., Kabisch, S., Steinführer, A., Bouzarovski, S., Hall, R., Ogden, P.E., "Emergent Spaces of Reurbanisation: Exploring the Demographic Dimension of Inner-City Residential Change in a European Setting Population," *Space and Place* 16, 2010, pp. 443 – 463.

③ Couch C., Cocks M., "Work Package 2: Urban Shrinkage in Liverpool, United Kingdom," *Shrink Smart*, 2010.

④ Couch C., Cocks M., "Work Package 2: Urban Shrinkage in Liverpool, United Kingdom," *Shrink Smart*, 2010.

家庭规模变小、家庭数量增加的角度来看，人口迁移正平衡和家庭结构转变是莱比锡和利物浦城市再增长的主要客观原因或外部动力。人口减少效应降低了住房的需求，与人口减少相对应的家庭规模也随之变小，并且家庭结构的改变刺激了非传统居住类型对住房需求的增加。再城市化的驱动力在于家庭结构的改变，尤其是日益增加的小型或单身家庭。年轻人口的内迁主要是基于相对低廉的住房租金、靠近单位以及公共交通、商业、文化等基础设施的便利性，更为重要的是从工业化向后工业化经济转型带来的高价值工作绝大部分集中在城市中心，进而城市中心拥有更多的就业机会以及相对较高的工资收入。① 此外，金融服务、公共管理、高等教育、医疗服务等社会基础设施的数量和质量以及购物便利等因素也是吸引人口内迁的重要因素。然而，如何对莱比锡和利物浦的再城市化是一个暂时的现象还是一个长期的过程进行定性，还需要分析、比较城市更新过程中的政策逻辑和思维模式的转变，尤其是在控制人口减少这一问题时，国家体制不同、城市经济差异以及地理空间差异都会给城市政策的实施带来不同的效果。

三　从收缩到再增长：莱比锡和利物浦城市政策逻辑的比较分析

（一）莱比锡城市收缩治理逻辑

逻辑Ⅰ：1990 年德国统一后莱比锡面临严重的城市收缩问题以及由此引发的一系列经济和社会发展困境。民主德国瓦解和德国统一似乎为城市工业现代化、城市更新以及重新树立莱比锡在德国乃至欧洲的城市地位提供了无限机遇，德国东部城市发展的政治信心提高和乐观情绪空前高涨，所以，从 20 世纪 90 年代初期开始，为了推动城市快速发展、恢复城市竞争地位，以国家补贴和政府公共投资为主导的城市复兴战略在莱比锡等德国东部城市迅速实施。政府的城市治理逻辑是希望通过大规模公共投资带动

---

① Ogden, P. E., Hall, R., "Households, Reurbanisation and the Rise of Living Alone in the Principal French Cities, 1975 – 1990," *Urban Studies*, 37, 2000, pp. 367 – 390.

私人投资，进而促进莱比锡城市复兴。具体表现为公共投资总额远远超过私人投资总额，城市郊区成为投资主要方向，莱比锡的外围涌现了大量新建住房成为德国统一后短短几年内政府城市规划行为的显著特征。政府的城市治理哲学是在郊区为外迁的人口提供尽可能多的居住机会，这样至少在莱比锡区域内人口不会剧烈的减少。由于政府没有正视城市收缩这一问题的严重性，认为即便是人口减少也是后社会主义转型的短期现象，几年内便会消失，增长导向的城市规划与发展思维仍然占据主导地位，因此，政府大规模投资的城市复兴战略并没有取得控制人口减少、降低住房空置率的预期效果，在 20 世纪的最后十年里，莱比锡减少 10 万名居民，住房空置率急速攀升。① 为此莱比锡政府于 1999 年实施了城市郊区一体化的城市区划方案，一体化方案的实施不仅是地方政府寻求联邦基金支持的重要渠道，更为重要的是政府当局开始注意到城市无序蔓延带来的更深层次的经济社会问题，同时还意味着政府治理逻辑的重要转折。

逻辑Ⅱ：2000 年，一篇题为"新联邦州住房市场的结构性转变"的研究报告标志着城市收缩问题治理正式被纳入政府城市规划与政策体系。② 城市发展逻辑主要体现在中央政府、地方政府、社会公众三个层面的协调与互动，一方面由德国联邦政府创建"城市 2030"主体项目，包括莱比锡在内的各个市州所辖城市的地方政府针对城市空间发展问题进行立项申请，项目成功获批的城市政府利用这笔基金开展城市发展与规划政策的研究与实践，广泛吸取由不同国家的城市规划者、社会学家和人类学家等构成的研究团队的政策建议，进而改善、优化城市空间发展与规划政策；另一方面通过开通莱比锡城市项目的官方网站积极鼓励民众公开发表意见。虽然与面对面交流相比较而言，网络是一种间接的参与形式，但也可以达到听取市民的内在需求，并将市民心声搜集整理，最终纳入城市发展与规划政

---

① Herfert, G., Röhl, D., "Leipzig-Region zwischen Boom und Leerstand," in Brake, K., Dangschat, J. S., Herfert, G., eds., *Suburbanisierung in Deutschland. Aktuelle Tendenzen* (Opladen, Wiesbaden, 2001).

② Kommission Lehmann-Grube, "Wohnungswirtschaftlicher Strukturwandel in den neuen Bundesländern," *BVBW*, 2000.

策制定的决策框架的效果。莱比锡政策制定者和社会团体领导者开始将注意力转移到城市发展与规划设计的关键要素——社会公平方面，并清醒地认识到公正、平等和包容性原则是公共政策基本精神的深刻体现，也是确保城市持续健康发展的坚实基础，任何不平衡的城市发展与简单的城市区划行为都可能最终导致城市的衰落。

所以，进入 2000 年，社会公平与民众参与成为德国联邦政府和莱比锡地方当局在城市更新发展战略中的核心要素，并且基于莱比锡多年以来的郊区新建和城市边缘发展的住房和空间规划政策已经开始面向稳定当前人口和协调住房存量与人口规模关系方面转变。2005 年以来，莱比锡居民郊区化进程基本停止，外围发展项目规划或在建的零售或房地产项目也都大幅减少。政府城市集权规划的力量减弱，城市发展逻辑开始更倾向于市场的选择。城市再发展更为重要的是政府大规模削减了曾经用于德国统一后吸引资本流入包括莱比锡在内的德国东部城市的财政手段和支持项目，这些项目大多用于支持城市郊区的发展，同时也是城市蔓延产生的重要原因之一。与此同时，市民对整个内城更新的要求日益增加，内城零售和休闲基础设施的投资促进了莱比锡内城的进一步复苏，这使一些富有吸引力的内城住房供给增加，而价格却相对低廉。可见，2000 年开始实施的城市收缩问题治理战略主要集中在改善住房存量和公共空间等物质层面，绝大多数政策设计或环境与设施的改善都促使莱比锡成为一个更具吸引力的商业城市，规划的重点也都是强调莱比锡内城空置住房以及城市周边废弃工业区的重建工作。可见，物质层面建设依然是 2000 年以来城市规划的焦点。

通过对莱比锡城市治理逻辑的简要分析和相关文献资料的梳理，我们可以将莱比锡城市再发展和城市治理的关系总结如下。首先，尽管信心高涨的城市快速发展目标在 1989 年政治转型后的 10 年里未能实现，但是大量公共和私人投资促使莱比锡城市复苏。如今，莱比锡已经转变为一个重要的职业和高等教育基地、文化中心和高质量低成本的宜居城市。伴随着国际机场的新建、发达通畅的铁路设施以及便于通行的州际高速公路，莱比锡正在重新确立连接欧洲东西部的交通枢纽地位，这也是莱比锡能够成为一个吸引年轻移民的城市的重要原因之一。其次，2000 年以来，莱比锡多年以来的郊区新建和城市边缘发展的住房和空间规划政策内容已经开始面向稳定当前人口和协调住房存量与人口规模关系方面转变，城市建设的重点也从郊区转移到城市中心。在面对去工业化问题上，城市正在进行产业结构转型，加快发展媒体、金融、贸易等行业，莱比锡逐渐成为欧洲重要的服务型大都市。政府补贴也助推了新经济集群的形成和发展，较显著的就是以宝马、保时捷为代表的汽车产业以及生物技术产业，集群经济的快速发展提高了地方就业水平。最后，基于创业型城市概念的塑造，莱比锡在取得大量政府公共补贴的同时也提高了城市决策制定效率，完善城市治理决策机制，加快了内城基础设施更新和建设的进程。

（二）利物浦城市收缩治理逻辑

逻辑 I：二战后，城市过度拥挤和贫民区住房的问题因为战争的破坏而进一步恶化，英国中央政府的当务之急就是应对尖锐的住宅短缺和城市住房现代化的问题。为此，城镇建设改造成为英国社会经济恢复发展的核心问题。利物浦城市议会开展了大量响应国家政策的住房现代化项目：一方面，通过摧毁建于 19 世纪内城区高密度的贫民区住房并代之以现代化、中等密度、以平层为主的城市住宅；另一方面，在城市外围地区进行新城开发，建设低密度的住房供贫民区居民转移居住。显然，城市清理政策与新城运动的初衷是减少城市的过度拥挤和贫民区问题，并且城市住房现代化项目也取得了降低人口密度、改善贫民区住宅环境等显著的效果，但是这种住房替换通常建立在简单的一对一基础上，对于社会发展趋势和人口迁移模式的动态变化缺乏预见性的深刻思考，反而导致了城市人口快速减少和反城市化趋势问题。这种以城镇开发为目标、以政府行为为主导的包括城市贫民区清理项目在内的城市清理运动一直延续到 20 世纪 60 年代，过度郊区化导致内城经济、社会衰退，人口减少引发的城市收缩问题促使英国整个社会开始质疑城市清理项目的功效。虽然利物浦城市议会具备相当大的地方发展决定权，但是在本质上仍然受到国家政府住房补贴的严重制约。可见，贫民区清理和转移居民至郊区新城的城市物质空间改造被视为解决二战后城市住房问题的核心政策，然而对于被迫迁至城市外围的居民而言，这无异于倾倒式驱赶，同时高层住宅并不符合居民的居住习惯，进而空间差异和社会失衡等众多新问题接踵而来。

逻辑Ⅱ：大规模持久的贫民区清理项目与新城开发带来的城市收缩问题引起了国家政府的忧虑，20世纪60年代中期，城市更新政策从大范围清理贫民区转向内城住房修缮翻新以及商业区的更新改造。城市更新政策机制由中央政府主导，并由中央政府向地方政府及公共部门进行财政资金划拨。1969年，一般改善地区（General Improvement Areas，GIAs）项目包括内城住房更新和地方环境改善，以取代一味的贫民区清理和住房重建，其政策目标是改善内城现有住房的质量和居住环境，有效控制内城人口的持续减少。GIAs的管理政策与贫民区清理政策极为不同，整个决策过程中都有社区的参与和共同商议，同时该政策涉及的建筑和工程合同是在对住房与街区的周密考察、分析的基础上在小范围内审慎签订的。这项区域改善政策取得了英国工党与保守党长达10年的支持，政策实施也显著地减缓了包括利物浦在内的许多城市人口持续减少的趋势，城市收缩得到一定控制。虽然这一时期公私合作没有成为城市治理政策的核心机制，社区参与程度也普遍较低，但是这种合作方式标志着社区角色开始发生重要转变——从城市更新计划的被动接受方转向城市更新的参与者，这是城市更新政策传导机制的重大变革，从长期来看有利于利物浦内城人口的稳定。

对利物浦人口稳定的进一步解读就是城市经济发展方面的复兴。过去的30多年里，政府公共部门持续发起和创建了众多经济振兴项目和公共基金。城市发展公司（UDC）是整个20世纪80年代英国城市治理政策的主导核心，UDC隶属于英国中央政府环境部，是基于政府财政拨款而得以在区域或地方组建的带有企业性质的机构。UDC模式的政策逻辑是基于涓滴效应的市场化传导，中央政府通过授予UDC城市土地规划与许可开发的权力来激活私人资本对内城的投资热情，以达到改善内城物质环境和缓解人口外迁等各种城市社会问题的目标，这种将本属于地方政府的权限转交给UDC的运作模式必然会影响地方政府城市治理过程中的权力发挥，显然是一种架空地方政府的中央集权式城市治理逻辑。尽管如此，国家政府资助的废弃码头区域再发展项目仍涵盖了大量的滨水区住房发展、旅游和文化设施的创建工作。利物浦码头、艾伯特码头和国王码头毗邻城市中心，开始了文化和旅游导向的更新时代。1993～2007年，莱比锡还获得了欧洲区域发展基金（European Regional Development Fund）的资金支持，支持重点主要体现在城市中心基础设施和经济再生项目等方面。

1989年，针对住房私有化改革的UDC模式存在一系列问题，一个新型且更加宽泛的概念——区域更新（Renewal Areas，RAs）取代了以前的一般改善地区（General Improvement Areas，GIAs）和住房行动区域（Housing Action Areas，HAAs）。中央政府对过去的城市更新政策进行了认真反思，认为没有将社区的参与从根本上落到实处是过去城市治理效果欠佳的内在原因，区域更新也不应是单一的以市场化为导向的简单运行逻辑（UDC模式）。所以，从20世纪90年代开始，单一的城市更新向多元化的综合城市更新思维转变，区域更新思维应该基于地方经济发展、就业增加、住房更新与环境改善等更加宽广的逻辑视角，既要积极引导私人资本投资，又要将社会、经济和环境等因素纳入决策制定的整个过程，组建政府、私人部门以及社区共同参与、倾力合作的公、私、社三位一体，区域更新项目内涵更为综合且可持续发展的城市更新系统，尤其是将社区的内在诉求放在首位。

此外，20世纪80年代开始极力推行的绿化带政策，以及20世纪90年代中期中央政府为了限制城市无序蔓延要求半数以上新建住房必须限定在早先开发过的城市土地范围内等城市发展政策，连同西北部的区域空间战略鼓励投资集中在默西赛德至曼彻斯特沿线，并且新建住房目标圈定在这个区域范围以内，加之包括利物浦在内的许多地方政府准备了"增补规划文件"（Supplementary Planning Documents），文件要求新建住房投资以内城优先，这些组合政策在减少住房导向的人口外迁趋势上发挥了积极的作用。2000年以来，严格限制城市蔓延的城市治理策略得到进一步增强。新工党政府提出"城市复兴"战略，支持城市中心的复兴和人口回流。城市基础设施得到极大改善，高等教育、健康医疗、综合零售、金融服务、IT技术和生物科学领域取得了突破性进展。利物浦在2008年被指定为"欧洲文化首都"，2011年新博物馆在利物浦开放。城市经济环境改变的结果就是利物浦城市就业率开始提高，这种就业环境的改善有助于保留当地的人口，并刺激人口的温和增长，奠定了人口内流的城市发展基础。1997 年至 2007 年，利物浦城市增加 2.4 万个工作岗位。城市的 3 所大学都扩大了招生规模，1996 年至 2006 年，新增入学人数逾 7000 人，绝大多数都是外来移民，同时还包括一部分国际移民。①

总之，通过上述对利物浦城市收缩到再增长的政策逻辑和现实情况的梳理可以发现，在政府的强力管制下利物浦城市收缩得到有效控制，经济增长和外来移民促使利物浦人口再增长，以文化和旅游等第三产业为导向的城市战略投资让利物浦正步入再城市化的发展阶段。

（三）　莱比锡和利物浦城市再增长政策逻辑比较的几点总结

首先，莱比锡和利物浦都经历了特定时期与背景下以内城人口减少为典型特征的城市收缩问题，政策的逻辑最初均表现为一种政府推动的人为驱赶。民主德国时期莱比锡城市外围地区的新建预制住房、德国统一后的郊区住房投资以及利物浦的贫民区清理项目，都是立足于解决内城住房条件恶劣、供给不足等城市问题而采取的国家或政府政策，其实施大多倾向于城市边缘。这不仅是政府对社会发展趋势和人口迁移模式的动态变化缺乏预见性深刻思考的反映，还加剧了城市人口减少和过度郊区化等问题。所以，莱比锡和利物浦最终都不约而同地将城市政策重点从郊区转向内城更新与建设。

其次，莱比锡和利物浦的城市再增长政策实践普遍反映出国家大规模公共支出在城市治理上的巨大推动力。人为驱赶逻辑下的城市治理模式不但没有解决城市收缩问题，还产生了一系列社会经济问题。所以，莱比锡和利物浦政府当局都转变了城市治理逻辑，开始从增强内城的经济实力、提高环境质量、缓解社会冲突以及确保不同区域人口和就业结构的平衡等方面确立新城开发转向内城振兴的城市发展规划。无论是莱比锡的大规模

---

① Rink, D., Haase, A., Grossmann, K., Couch, C., Cocks, M., "From Long-Term Shrinkage to Re-Growth? The Urban Development Trajectories of Liverpool and Leipzig," *Built Environment* 38 (2), 2012, pp. 162 – 178.

公共投资还是利物浦的 GIAs、UDC 等项目，其政策机制的共同之处都在于由中央政府主导，并由中央政府向地方政府及公共部门进行财政资金划拨，希望通过大规模公共投资和政府补贴带动私人投资，进而促进城市复兴。

再次，莱比锡经历了不同政治经济体制下的城市发展历程，这是与长期以来的资本主义发展模式框架下利物浦城市发展经历的最大不同。近 40 年的苏维埃政治经济体制让莱比锡免于市场竞争，1989 年的政治变革将莱比锡置于资本主义市场经济的竞争浪潮中。尽管利物浦遭受了与莱比锡相比更严重的人口减少，但是 2000 年以来的人口减少趋势停止也深刻地反映出两座城市发展背后政治权力及其主导下城市规划体系的巨大差异。如果说民主德国时期的莱比锡城市发展体系表现为计划经济体制和强力中央集权控制，那么德国统一就是宣告这种国家计划经济的终结。德国统一后的莱比锡城市治理的显著特征就是政府权力弱化导致城市规划体系不健全以及国家财政强力刺激下的房地产投资的无序不均衡发展，因此，内城的再发展也在相当长时期内受到相应政治诉求的严重阻碍。直到近年来，在联邦德国规划体系影响下，莱比锡政府的城市规划控制力才有所增强。相反，利物浦一直处于高度中央集权的城市规划体系下，20 世纪 70 年代以来的对城市蔓延的强力控制以及强调老城区的更新改造一直是利物浦城市发展中清晰、明确和长期贯彻的治理目标。可见，基于不同的政治经济体制，莱比锡城市治理中的政府地位经历了由强到弱到再增强的演变过程，而利物浦一直处于高度集权的中央城市规划体系框架之内。

最后，从政府主导向重视社会公众参与和城市政策与实践相结合的转变是莱比锡和利物浦两座城市再增长的重要原因之一，也是世界众多城市规划实践的必然发展趋势。进入 2000 年，两座城市发展逻辑都不同程度地反映了中央政府、地方政府、社会公众三个层面的协调与互动。莱比锡政策制定者和社会团体领导者开始将注意力转移到城市发展与规划设计的关键要素——社会公平方面，并清醒地认识到公正、平等和包容性原则是公共政策基本精神的深刻体现，也是确保城市持续健康发展的坚实基础，任何不平衡的城市发展与简单的城市区划行为都可能最终导致城市的衰落。从城市更新思维模式的转变中可以发现，政府、私人部门和社区民众成为城市更新中较为核心的三个利益代表者，三方在城市更新中的权力平衡成为城市治理机制传导与治理效果的关键。政府代表了国家的意志，体现了国家政权的高层治理格局；私人部门代表的是市场经济，而市场经济的核心又是自由和平等的竞争；社区民众体现的是基层的百姓利益，而人文关怀才是国家长治久安的内质所在。

第四节　莱比锡和利物浦城市发展的趋势分析及阶段总结

一　莱比锡和利物浦城市发展趋势分析

莱比锡和利物浦长期的收缩过程已经停止，城市人口进入相对温和的再增长过程，然而这种城市再增长的趋势是否能够持续依然受到外在环境、经济发展、人口结构、政府思维等众多因素的影响。尽管产业结构调整促使莱比锡和利物浦成功转型为服务中心，但是两座城市远未成为欧洲乃至世界战略性服务城市。两座城市的经济发展和就业在经历了长期衰退后已经趋于稳定，但是大规模公共投资的时代已经结束，城市未来的发展将更多地依靠私人投资，并以此维持、巩固当前经济和人口增长的成果，但私人资本的流动性以及世界经济周期的波动性都将莱比锡和利物浦的城市发展置于脆弱的内外环境中。同时，城市空间的发展表现为城市不同区域收缩与增长的共存性特征，地方规划者将莱比锡命名为"两极城市"。[1] 此外，人口结构转变和老龄化等问题可能会减弱年轻人口移民效应，家庭结构转变带来的家庭数量增加也将趋于稳定，这些都是城市人口增长的不利因素。

二　阶段总结

尽管城市收缩是 20 世纪莱比锡和利物浦城市发展的主要趋势，但是城市收缩的不同阶段也有着经济、政治、社会、人口乃至战争等差异化的收

---

[1]　Lütke-Daldrup, E., Döhler-Behzadi, M., *Leipzig 2030*, *Transforming the City*（Wuppertal：Müller and Busmann, 2004），p. 106.

缩原因和动力。一方面，传统特色经济以及支柱产业的衰落导致两座城市人口不同程度地减少；另一方面，在变化的世界经济环境和激烈的国际竞争背景下，过于依赖制造业和外部环境令两座城市经济发展体系格外脆弱，并且这种缺乏多元化产业支持的城市发展模式本身就是最大的问题。1945年以后莱比锡的城市发展与苏维埃政权以及计划经济思维下的东欧经济互助会紧密相关。1989年以后，莱比锡城市收缩模式代表了欧洲东部的城市收缩模式，主要表现为大规模去工业化以及随之而来的人口外迁、郊区化和出生率急速下降。

无论是从人口内迁大于人口外迁、人口自然增长平衡，还是从家庭规模变小、家庭数量增加的角度来看，人口迁移正平衡和家庭结构转变是莱比锡和利物浦城市再增长的主要客观原因或外部动力。莱比锡和利物浦的城市再增长政策实践普遍反映出国家大规模公共支出在城市治理上的巨大推动力。所以，莱比锡和利物浦政府当局都转变了城市治理逻辑，开始从增强内城的经济实力、提高环境质量、缓解社会冲突以及确保不同区域人口和就业结构的平衡等方面确立城市发展规划，从新城开发转向内城振兴，其政策机制的共同之处都在于由中央政府主导，并由中央政府向地方政府及公共部门进行财政资金划拨，希望通过大规模公共投资和政府补贴带动私人投资，进而促进城市复兴。

然而，莱比锡和利物浦城市再增长的趋势可能仅仅是暂时的，过于依赖外部环境的发展模式令这种再增长的格局非常脆弱。年轻人口内迁既是21世纪以来城市人口稳定发展或再增长的原因，但随着内部与外部环境的改变，一旦这种趋势发生转变，也必将是未来城市收缩的潜在驱动力，因为年轻人口移民效应将被人口老龄化和家庭数量增长停止取代。而且，从某种程度来讲，外来人口的持续迁入是否总能减缓人口减少的趋势仍然不清晰。总之，两座城市不得不应对城市收缩带给今天城市发展的深远影响，并且时刻准备未来收缩的反复。毕竟空置住房问题仍然存在，未被充分利用的基础设施仍然成为持续困扰城市发展的核心难题。从当前来看，政府项目的持续削减以及德国和英国政府补贴的减少将导致城市收缩问题的后续处理更加困难。因此，任何一种城市发展模式都离不开社会背景和地方环境。我们的分析表明两座城市的发展轨迹并没有严格遵循城市生命周期理论对城市发展周期界限的清晰划分，所以从不同城市、不同区域以及城市发展的不同阶段来分析和比较城市从收缩到再城市化的原因和动力及其相互关系的研究是十分必要的。

从两座城市再增长的政策逻辑来看，虽然增长导向的城市治理思维有助于刺激城市快速复兴，但是这种集权于中央的政府投资模式具有不可持续性的弊端，所以，从政府主导向重视社会公众参与的城市政策与实践相结合的转变是莱比锡和利物浦两座城市再增长的重要原因之一，也是世界众多城市规划实践的必然发展趋势，这同时也是对书中城市再增长政策逻辑猜想的最好验证。两座城市的发展演变表明，虽然当前人口处于温和增加状态，但是这种人口增加可能仅仅表现为一种短期现象，因为我们并不清楚这一趋势在未来是否能够持续。两座城市无法通过更为强劲的内在增长动力提供再增长的持久动力，而仅仅是依赖外在资源和政府决策。所以，莱比锡和利物浦不能被视为克服城市收缩导致人口减少的较佳案例。

第七章　城市收缩形成机制的一般规律及对中国的启示

第一节　城市收缩与中国城市发展的现实关联及问题提出

一　现实关联

城市收缩对于中国这样经历了空前超高速经济发展以及快速推进城市化的发展中国家而言是一个比较陌生的名词，尤其是在经历了 40 年改革开放的城市变迁过程中，城市收缩与城市增长就如同一枚硬币的两面交融共存，但是城市收缩现象往往隐藏在城市大规模扩张当中而极其容易令人们有意或无意地忽视。无意的忽视存在于人们对事物认知的摸索过程中并不可怕，可怕的是城市规划者和政策制定者发觉城市收缩后而给予的漠不关心和否认，把城市收缩看成政治经济禁忌的话题，并且其在特定的领域被主流发展趋势所忽视。

改革开放后，我国城市进入了经济社会快速发展时期，城镇化的快速前进使我们更多地关注到人口的增长和城镇的扩张。但是随着我国人口高峰期的临近，特别是经济发展整体步入较平稳的调整过程，人口和经济活动的空间集疏过程表现得越来越强烈。可以预计某些城市将面临人口减少，城市收缩问题将成为未来的一个重要问题。纵观历史长河，城市历史并不完全由城市增长所主宰。随着时间的流逝，城市经历了繁荣和衰退的循环；而在某些地区，衰落和人口萎缩造成了城市结构的永久性变化。正如美国城市地理学家描述的那样，城市也会经历"生"与"死"的发展历程。二战后，全球和我国的城镇化建设都经历了一个高峰期，使人们往往忽视了城市人口的减少等问题。事实上，大量证据表明，世界上很多地区，即使在发达地区中，很多城市也在经历收缩。从英国、比利时、芬兰到意大利，从俄罗斯、哈萨克斯坦到中国，城市收缩现象已无处不在，收缩正在全球蔓延。

无论如何，城市收缩都不仅仅表现为某些城市地区人口的减少以及经济生产活动的日渐衰退，城市收缩也不再是一个高调的问题。城市收缩是全球化的产物，在过去几十年里，其效应已经由产业转移和大都市区化凸显出来，经济结构调整已经使一部分城市地区经济活动集聚而成为赢家，而其他地区伴随着竞争力的消失正在不断走向衰退。美国、德国、日本、意大利等工业化国家在 20 世纪的最后 30 年里都经历了去工业化过程导致的城市收缩这一现象，中国在经历了几十年的跨越式工业化与快速城市化发展后是否也将面临城市收缩问题，还是正在经历收缩？隐藏在城市收缩背后的内在规律是什么？这一现象产生的根本原因、它的形成过程和影响以及各个国家采取的对策解析是什么？对这些问题的回答无疑对中国未来城市化发展道路具有不可估量的现实意义和深远的历史意义。

二　问题提出

近年来西方城市研究者、地方政府和规划机构针对这些"收缩城市"所引发的问题和挑战，逐步开始了相应的理论探讨和实践活动。如 2012 年，德意志联邦文化基金会牵头启动了"收缩的城市"研究计划。相比之下，我国学界对城市收缩现象的认识还十分浅显。现有研究成果多局限于对资源型城市或老工业城市的振兴等较为零散的经验案例分析。近年来，国外一些城市收缩的案例开始引起学者的关注，然而对于中国收缩城市的理论研究、中西方收缩城市比较、收缩城市未来的发展出路等问题还缺乏相关理论研究和实践活动。随着我国人口和经济增长整体趋缓，收缩将成为城市增长之外的一个重要议题，将有利于全方位思考城市发展问题。

中国关于城市收缩的学术研究尚处于初始阶段，而所有发达国家都已经或正在经历人口下降和随之而来的城市收缩，这种现象在东欧大多数国家和德国东部极为显著。2013 年，中国新一届领导人将大力推进新型城镇化建设作为政府重点工作之一，而在中国的城镇化建设经历了快速发展之后，引入城市收缩的研究将为学者、专家和政府规划部门提供一个崭新的观察视角。本章分为三个部分，第一部分为城市收缩的一般性分析，针对城市收缩的概念进行界定并简单陈述城市发展理论对城市收缩问题解释力的不足以及构建一个分析框架；第二部分针对不同国家城市收缩模式的表现形式及其形成机制进行规律性总结；第三部分为中国的城市收缩问题及现实选择，探索性地回答了中国是否存在城市收缩问题，提出城市收缩在中国的特征和城镇化发展应注意的问题，但是探索性的研究往往很难提供系统、全面和深入的政策建议，这可能也是本章的不足之处。

第二节　欧美亚典型城市收缩表现形式的综合分析

繁荣与衰退交替是城市发展的普遍规律。无论是过去、现在还是未来，战争、疾病和自然灾害一直威胁城市的发展，成为城市衰退甚至走向灭亡的客观因素。直到最近的 100 多年，城市衰退的形成机制趋于复杂化。尽管全球化带来的冲击对每一个收缩城市具有普遍的共性特征，但导致城市收缩的原因仍然是复杂多样的。尽管全球化是产生收缩城市的重要因素，但是经济转型并没有以相同的方式影响所有国家和城市，相反，城市收缩会因国家、区域和地方环境的差异表现出非常不同的特征。所以，对于不同国家城市收缩模式及其具体表现形式的分析有利于厘清一个事物从现象到规律再到制度化的发展过程。基于城市收缩具有的异质性特征及其涵盖的量和质的转变，先于城市经济衰退和城市政治地位丧失的人口流失是一种数量上的转变，性质的改变包括社会经济发展模式的转型、文化价值观的改变并影响到市民的日常生活方式。这与笔者给出的城市收缩定义具有逻辑上的相似性，也是对城市收缩形成机制研究的两个关键层次。

一　德国城市收缩模式

德国西部城市的经济发展具有繁荣扩张和停滞衰退的双重特征，而德国东部城市的经济发展则仅表现出单一的衰退特征。即便是那些仍然处于经济增长中的城市，其发展所面临的问题也不再是如何应对增长，而是如何处理经济和人口下降带来的冲击。尤其是在德国东部城市和鲁尔区，持续的结构性经济问题困扰着政府及城市规划部门。

从20世纪80年代开始，工业化国家面临来自新兴工业化国家的竞争并且开始了痛苦的去工业化过程。经济衰退成为德国东部城市收缩的核心因素，去工业化导致部分城市地区涌现大量失业人口，经济结构调整不但没有改善这些城市的发展环境反而加剧了这一趋势。2002年，德绍、哈雷、莱比锡、开姆尼茨、德累斯顿和马格德堡失业率均显著提升。1990年德国统一后，经济全球化导致了原民主德国大量公司倒闭。由于政府补贴和德国东部的较低的劳动成本，许多来自德国西部的汽车企业在德国东部建立了生产线，然而，并不是所有的去工业化问题都能够归因于经济全球化进程。落后的基础设施、严重的环境污染以及人口减少等具体的地区性问题成为德国西部乃至其他欧洲国家投资者的最大障碍。所以，与新增就业岗位相比，更多人口失业成为德国东部1990年到2004年的典型特征。①

德国的城市收缩在人口结构、人口迁移和郊区化方面具有多样化的表现。德国统一和随之而来的经济结构调整极大地影响了人口的发展。德国东部人口出生率在20世纪末期进入快速下降周期并达到欧洲国家的最低水平，由此引起的非均衡生育以及预期人口寿命延长使人口结构呈现"倒金字塔"形，进而形成德国的城市收缩。根据德国联邦统计局人口统计模型估计，到2050年平均每年将有10万～20万名外来移民，同时该模型还表

---

① Lötscher, L., "Shrinking East German Cities?" *Geographica Polonica* 78 (1), 2005, pp. 79 - 98.

明，德国人口将从 2000 年的 8000 万人持续下降到 2050 年的 6500 万人至 7000 万人，如果不考虑任何迁入人口统计，那么人口将下降到 5900 万人。[①] 可以看出，外来移民可能会缓解人口下降的进程，但是不会让这一进程停止。此外，人口专家认为人口迁移将在德国不同地区之间进行，尤其是从东部迁至西部以及从北方流向南方。德国统一后，人口从东向西迁移成为前期主导趋势，1997 年东西迁移人口数量持平，然而 1997 年以后，由于东部地区经济停滞和衰退等原因，人口再次向西部迁移。从德国东部联邦州萨克森统计部门的一份调查中发现，影响人口迁移的主要动机是工作、更高的收入、教育以及家庭，因此，那些仍然挣扎在去工业化进程和经济结构转型的城市（鲁尔等德国西部城市）由于缺少工作机会而面临人口的持续流失。[②] 根据北莱茵—威斯特法伦州 2004 年 4 月的人口预测，到 2020 年，鲁尔区大城市的人口将流失至当前人口水平的 16%。[③]

经历了经济衰退的城市人口流失在一定程度上也是因为人口向郊区和更远的乡村迁移。德国人口专家认为德国的东部和西部将越来越显现出不同的人口迁移过程，在 20 世纪末，郊区化出现在德国的西部地区。除了鲁尔区外，这种现象同样发生在德国东部地区，表现为城市中心人口减少而城市外围人口增加。到 2015 年这种情形将更为显著，而德国西部地区的前工业化核心城市，尤其是莱茵—鲁尔大都市、萨尔兰和斯图加特将成为人口流失的典型城市。

二 法国城市收缩模式

全球化的到来，法国和德国的后工业化经济导致新的区域专业化，密集型资本流动驱使资本转移到高利润部门。转移的一个重要后果就是形成了快速灵活的产品再配置以及分销网点。20 世纪 70 年代这种新的生产形式

---

① 详见德国联邦统计局，https://www.destatis.de/EN/Homepage.html。
② Gans, P., Kemper, F. J., "Ost-West-Wanderungen in Deutschland-Veriust von Humankapital fur die neuen Lander?" *Geographische Rundschau* 55 (6), 2003, pp. 16 – 19.
③ 根据北莱茵—威斯特法伦州官方网站数据整理而得，详见 http://www.nrw.de/en。

出现以来，提供了更加便宜、简单、快速的安全运输和信息通信。由于距离和边界消失了，经济活动越来越"自由"。这种商业的重新分配已经导致了一些地区的生产活动集聚，而其他地区则遭受着衰退，这强化了之前本已失衡的经济和城市发展，这一差异化的发展模式阻碍了产业单一或者仅有一个集群经济活动的城市发展。城市收缩对于西欧国家而言是一个普遍的现象，但是由于国家、地区及社会背景的差异，收缩的模式也会呈现多样化的形态，法国的城市收缩成为多样化的典型代表。法国城市收缩表现为三种形态。

第一种形态是去工业化导致的法国大城市地区城市收缩。在法国，大城市地区土地租金增加、工资水平提高以及技术发展等因素使那些以资源为基础的传统老工业地区面临制造业生产水平严重下降和人口流失。法国的52个较大城市地区，仅有8座城市收缩，并且这8座城市都位于持续衰退的工业地区，比如洛林、北加来海峡和诺曼底。这些收缩城市的经济发展主要依靠传统的采矿业、港口产业或者单一产业，发生在这些产业部门的危机导致经济、社会发展水平的下降和人口的减少。

然而，法国的绝大多数收缩城市都属于第二种形态——小城镇地区。这些小城镇位于国家的中部地区，北起阿登高地南到比利牛斯山脉，穿过中央高原。1990年至1999年，香槟－阿登、比利牛斯、利木赞牛和勃艮第四个中心地区超过3/4小城镇地区人口流失。[1] 这些收缩的小城镇缺乏运输等重要的基础设施并脱离城市网络而存在。前两个收缩城市形态很好地反映了收缩过程中全球化的作用，大城市的收缩显然是产品在国际市场上重新分配的结果，较小的城市已经被全球化抛在后边，更大的城市群以及更发达的信息网络成为全球化进程中的积极因素。

城市收缩的第三种形态发生在整体增长的城市地区——城市中心。这一地区人口减少而远郊区人口增加。马赛、阿维尼翁等法国南部一些快速

---

① Julien, P. , "Recensement de la Population 1999," *Poursuite d'une Urbanisation très Localisée* (INSEE Première, 2000).

发展的地区正在经历这一过程并且伴随着城市的无序蔓延，[1] 这种收缩模式影响了工业化国家城市中心发展后率先成长的地区——第一郊区。[2] 这些郊区拥有健全的工业基础设施和大量的产业工人，但伴随着大量人口快速迁至远郊区，去工业化进程导致这些近郊区人口减少、经济和社会大大衰退。

可以看出，法国的城市收缩主要在于去工业化过程中地方生产系统的转型导致了区域空间的极化以及城市地区经济的不均衡发展，大多早期工业地区的经济发展过程落后于经济结构调整的过程，进而带来一系列诸如人口流失、经济衰退等问题。

三 加拿大城市收缩模式

全球经济一体化和服务业导向的城市经济转型对以矿业、纺织、钢铁和造船业为主导产业的单一化老工业城市的发展提出了严峻的挑战。加拿大是一个高度城市化的资源型国家，其内陆的绝大多数城市或社区的经济发展依靠自然资源的提取。根据一项对加拿大 2607 个社区的调查，1981 年至 2001 年，加拿大 2/3 社区表现为人口的持续流失并伴随大量闲置废弃的住房、农场、学校、街道、交通工具等基础设施。[3] 人口流失主要集中在资源型社区，1996 年至 2006 年加拿大 13 个矿业地区总共流失人口数量超过 5 万人，占这些地区总人口的 7.1%。[4]

采矿业是一个集高生产力和先进技术于一体的产业，也是资本主义生产标准最具有多产性的产业之一。矿业社区是资本主义社会生产体系中一个重要的组成部分并且至少在未来几十年里仍将存在和发展。当前，将资源型城镇定义为常年以开采或提取自然资源或初级产品作为经济发展主要渠道的城市或社区已经成为一个普遍的共识。采矿业以及其他资源城镇成

① Bessy-Pietri P., "Recensement de la Population 1999. Les Formes de la Croissance Urbaine," (INSEE Première, 2000).

② Puentes, R., Warren, D., *One-fifth of the Nation: America's First Suburbs* (Washington D. C.: Brookings Institution, 2006), p. 23.

③ Mwansa, P. B., Bollman, R. D., *Community Demographic Trends with Their Context* (Ottawa: Statistics Canada, 2005), p. 201.

④ 根据加拿大 2001~2006 年人口普查数据整理而得，详见 http://www.statcan.gc.ca.

为一般意义上的单一产业城镇。首先，这反映出采矿业或相关产业成为该地区主导产业并作为衡量地区生产水平和就业规模的核心指标。其次，这种一元化产业发展模式也成为城镇社区建立和持续存在的经济因素。问题是这种高度生产性的单一产业城镇为何遭遇经济和社会的巨大压力——污染、贫困、废墟、衰退以及动乱？矿业社区，尤其是偏远的矿业社区，就业和生产规模受到初级产品生产规模的严重制约。这种单一产业社区通常配有提供矿业生产者商品劳务的其他支持性或伴生性商业或产业。因此，这种伴生性产业的就业水平极大地依赖当地市场，尤其是这种单一化初级产品的产量和市场需求。如果没有来自初级产业的劳动收入和利润，对伴生性产业提供的商品和劳务的需求就会下降，甚至可能消失。这就是遍布加拿大内陆地区众多"鬼城"的命运，初级产业衰退或关闭，其他伴生性产业必然随之消失。

矿业城镇危机由来已久，虽然高度资本化的挖掘有效地推动了矿业城镇的发展，但是全球化、国际竞争、私有化和一系列自由贸易协议等因素增加了跨国公司的权力和资本，政府的区域政策更少关注社会保护，矿业城镇居民的生活环境日趋恶化。首先表现为生产力的极大提高导致了矿业工人的显著减少，而产量却依然能够维持在原有水平甚至表现为增长。从20世纪70年代开始，加拿大矿业工人的数量就表现为连续数十年的下降或停止，而全球化加速了这一过程。此外，先进的运输和通信技术使国际国内的资本集中和垄断力量不断强化，这不但加速了矿业城镇资源的快速采掘和外流，还使一些跨国公司通过直接控股、特许权等手段控制了矿业城镇中的零售、金融、房地产等其他私人部门。长远来看，这种商业所有权结构的转移势必破坏矿业城镇社区结构和地区商业秩序。所以，通过对加拿大矿业社区的观察不难发现，单一化产业发展模式的后果往往表现为持续性失业、商业破产、贫穷，最终将导致矿业社区人口流失而成为衰退的社区。

四　日本城市收缩模式

日本是一个高度城市化的非移民国家，近21%的人口居住在百万级以上人口城市，48% 人口居住在超过 20 万人的城市，[①] 这不仅仅是由于日本的地理位置及国土面积等因素，还在于日本的城市与区域发展战略是建立在经济预期增长假设下的一种大都市区化发展战略。尽管日本近几十年来表现为人口总体增长，还没有像利物浦和底特律那样经历人口数量急剧减少的大城市，但老龄化、去工业化等导致的中小城市人口收缩以及其他社会经济问题严重威胁日本未来的发展。

日本的城市发展经历了工业化推动的城市化和快速城市化、产业结构调整带来的逆城市化以及经济衰退、住房政策、城市复兴引起的再城市化过程。人口大量聚集在城市导致了交通拥挤、环境污染等城市病，郊区化在一定程度上缓解了日本过度城市化带来的负面影响，同时也增加了郊区住房的供给。然而，日本经济长期衰退引发的城市住房价格下跌、国家采取的增加城市中心住房的措施以及不同人群对城市中心住房的需求又使日本的住房面临再城市化问题，因为日本大都市外围地区的住房需求正在下降，交通不便的地区受到房屋闲置的持续困扰。此外，城市化的过度发展具体表现在东京、大阪和名古屋的大都市区乃至巨型都市带。一方面，城市人口超大规模集聚；另一方面，城市外围的乡村人口持续减少和伴随经济的普遍落后。

从具体区域来看，日本北海道无疑成为考察日本城市收缩情况的一个微观视角。北海道的绝大多数城市和村庄都经历了显著的人口收缩，尤其是以札幌和旭川之间的地区较为严重。这个地区是日本 20 世纪初期的重要煤矿区，但在 20 世纪 60 年代开始经历了毁灭性的衰退。夕张（-86.3%）、歌志内（-84.4%）、三笠（-75.9%）、赤平（-71.2%）、芦别（-68.7%）等六座矿业城市正处在人口剧烈收缩的危机中，这些悲观的数据代表了北海道，也是整个日本的一个缩影。[②] 这些城市具有加拿大矿业城市相类似的结构性问题，包括资源枯竭后缺乏社会保障的矿工、老龄人口的增加、人口的持续流失、经济的大幅衰退。此外，日本的乡村地区普遍存在人口收缩

---

① 〔德〕菲利普·奥斯瓦尔特：《收缩的城市》，胡恒等译，同济大学出版社，2012，第 7 页。
② 〔德〕菲利普·奥斯瓦尔特：《收缩的城市》，胡恒等译，同济大学出版社，2012，第 9 页。

现象，随着年青一代为了寻求更好的教育及就业机会而向大城市迁移，这种内部的迁移波及整个日本社会，对于乡村地区的影响更深远，这也是老龄化乡村地区形成的主要原因。综上所述，日本城市衰退的原因主要在于快速城市化进程中，按照经济增长的发展范式，在以政府规划为主导积极推进大都市区、巨大都市群形成的同时，忽略了老工业区、矿业城市的后续建设，包括矿工生活保障、老龄化地区管理以及相应的基础设施安排等。

欧美亚国家典型城市收缩的比较如表7.1所示。

表 7.1　欧美亚国家典型城市收缩的比较

类别	欧洲		北美		东亚	
	德国	法国	美国	加拿大	中国	日本
收缩区域	东部（单一衰退）、西部（增长与收缩共存）	资源型老工业城镇、小城镇地区、南部（增长与收缩共存）	中部、西部等工业、养殖业城市地区（增长与收缩并存）	资源型社区（增长与收缩并存）	东北三省等资源型城市与老工业基地、中西部地区（增长与收缩并存）	北海道、资源型城市（增长与收缩并存）
典型城市	德绍、哈雷、莱比锡、开姆尼茨、德累斯顿、马格德堡	洛林、北加来海峡、诺曼底、香槟-阿登、比利牛斯、利木赞牛、勃艮第、马赛、阿维尼翁	底特律、猛犸湖市、斯托克顿港、圣伯那地诺市、森特勒尔福尔斯市	布列塔尼亚、萨格奈、提明斯、索雷尔、鲁安-诺兰达、拜科莫、汤普森、基蒂马特	葫芦岛市、辽阳县；通化市、辽源市；伊春、鹤岗；淄博市临淄区；鄂尔多斯；鹤壁新区	夕张、歌志内、三笠、赤平、芦别
收缩表现	经济衰退、持续失业、公司破产、环境污染、人口流失、基础设施闲置、区域经济发展失衡	区域经济发展失衡、单一产业城市收缩、近郊城镇经济衰退、基础设施闲置	城市破产、环境污染、人口流失、基础设施闲置、社会动乱、"鬼城"	单一产业城市收缩、经济衰退、环境污染、社会动乱、"鬼城"、持续失业、商业破产、贫穷	区域经济发展失衡、单一产业城市收缩、人口持续向大城市和沿海发达城市迁移、产能过剩、环境污染	交通拥挤、环境污染、房屋闲置、乡村收缩、乡村人口流失、单一产业城市收缩

续表

类别	欧洲		北美		东亚	
	德国	法国	美国	加拿大	中国	日本
收缩动因	全球化、去工业化、人口出生率低、人口老龄化、人口内部迁移、郊区化	全球化、去工业化、资本流动、区域专业化、基础设施落后、郊区化	全球化、产业转型、去工业化、人口老龄化	全球经济一体化、产业转型、跨国资本流动	全球化、产业转型、去工业化、人口老龄化、城市郊区化倾向	人口老龄化、去工业化、经济衰退、人口内部迁移

注：笔者归纳整理所得。

第三节　城市收缩形成机制的一般性规律总结

从德国、法国、加拿大和日本等国家的城市收缩模式的表现形式分析中可以看出，城市收缩总体上表现为人口的持续流失或迁移到其他城市，进而带来人口流失城市或地区的经济、社会等方面的衰退。虽然不同国家收缩的具体表现形式各有特色，但其形成机制可以从工业化、去工业化、全球化、郊区化、老龄化等几个方面进行探索性总结。

一　工业化造成城市间经济发展的严重失衡

规律Ⅰ：工业化极大地提高了一个国家制造业的比重，优化了国民经济结构，促进了大城市或特大城市的形成和发展。技术创新、公共投资和优质教育通常被比喻成"增长极"，用来形容城市化发展的向心力。但这一过程造成了城市间经济发展的严重失衡，使城市外围地区很少能够取得实质性的发展和必要的关注，大量壮年农村人口不断流向城市地区。

二　去工业化导致制造业转向服务产业

规律Ⅱ：去工业化彻底动摇了现代社会基础的政治经济模式，导致了众多著名的传统制造业城市衰退，因为农业能够容纳的就业机会日趋减少，而服务业却显著增长，所以制造业必然向服务业转型，由此引发了某些城市地位的上升或下降，大量制造业工人从发达国家流向发展中国家以寻求更多的就业机会。此外，大城市地区土地租金增加、工资水平提高以及技术发展等因素使那些以资源为基础的传统老工业地区面临制造业发展水平的严重下降和人口流失，这注定了早期的工业化城市由于产业衰退而引发人口流失，这种累积循环效应深化了城市收缩进程，所以去工业化影响到国家的经济增长、人民福祉、贫富分化以及社会不公等问题。

三　全球化改变社会空间、地理分配和城市化进程

规律Ⅲ：日益增长的全球化对城市收缩的进程所造成的巨大冲击已形成了一个广泛共识，因为全球化改变了社会的空间秩序，影响了经济政治活动的地理分配和城市化进程。关于城市收缩，很多都是由于日益增加的全球化和新自由主义以及工业化社会向信息型、知识型社会转变带来的负面影响。由于国际分工的出现，那些脱离世界市场的城市注定走向衰退而被排除在世界经济地图之外。国际资本流动以及技术创新加速了一些国家对自然资源的掘取，导致了相应地区尤其是单一产业地区经济社会衰退，比如资源型城市或社区。

四　郊区化进程和城市边缘的无序发展导致城市收缩

规律Ⅳ：郊区化进程和城市边缘的无序发展构成了城市结构的一种转型——人们放弃在市中心居住而选择郊区。郊区化并不意味着所有居民的流失，而是人们从城市中心搬到了城市外围。这意味着收缩嵌套在一个更大的增长过程中。城市结构转型导致一些地区开始收缩，越来越多的巨型城市群与增加的郊区相结合。城市集群带来的极化作用将榨取其他城市发展所必需的投资和资源，进而导致资源流出城市的财政基础逐渐减弱，这也是一些中小城镇功能丧失并逐渐衰退的主要原因。

五　老龄化趋势成为城市收缩过程中的重要影响因素

规律Ⅴ：老龄化趋势成为城市收缩过程中不可忽视的因素，这种趋势广

泛存在于发达国家与发展中国家中。根据生命周期消费理论，人们将在相当长的时期内计划消费开支，便于实现生命过程中消费的最佳配置。出生率持续下降与人类寿命的延长将导致人口结构的巨大转变，进而影响到国家或城市地区的消费结构与商业规模，严重威胁城市经济发展的可持续性。因为，高出生率和良好的年龄结构被认为是城市快速发展的决定性因素，然而中青年人口的减少以及老龄人口的增加将显著降低该地区的消费水平并增加政府税收负担，最终引发城市收缩。

六　新技术的融合发展引发全新的城市收缩模式

规律Ⅵ：城市间经济发展不平衡、老龄化、郊区化、老工业区的衰退等情形是20世纪城市收缩的主要原因。到了21世纪，新技术的快速应用与融合式发展也可能引发全新的城市收缩模式。发达的通信技术、自动化办公、电子技术等将使人们更少地依赖传统的办公空间，减少对零售业等实体服务行业的需求，只需通过电子网络和无线设备等便可达到目的。此外，战争、自然灾害、气候变化以及化石能源供应瓶颈等都将对城市发展带来深远的影响并诱发城市衰退。

第四节　中国的城市收缩问题及启示

一　中国存在城市收缩问题吗

中国是否存在城市收缩？回答这一问题，需要认真审视当前中国城市化的发展进程并结合前文总结的规律来分析。从1992年开始，中国进入了快速城市化时期，从城市化的一般意义来讲，截至2012年底，中国城镇人口占总人口比例已经达到52.6%，[①] 略高于同期全球城市化的平均水平，但仅相当于欧美国家20世纪上半期的平均水平，如果去掉城市常住农村人口，

---

① 数据来源于《中华人民共和国2012年国民经济和社会发展统计公报》，详见 http://www.stats.gov.cn/tjsj/tjgb/ndtjgb。

那么真实的城镇化率将更低。

问题Ⅰ：城市地位的差异扩大地区间经济社会发展不平衡终将导致城市收缩。中国的工业化发展极大地促进了城市化发展，形成了长三角、珠三角和京津冀等工业城市群，但从世界众多工业城市发展演变来看，早期工业化城市和这个国家其他城市之间的经济发展极端不平衡成为工业化道路上一个规律性的核心难题。中国领导层对中国西部欠发达地区的扶持政策反映出对中国发展过程中沿海主要城市支配性地位的担忧。这种逐渐形成的城市地位差异将扩大地区间经济社会发展的不平衡，强化资源、人口的单向流动，使人口流出城市取得政策上的支持，但是伴随中国就业压力日益加剧，人们由于为了寻求良好的工作环境、更高的经济收入、优质的人文教育条件以及家庭动机等因素而持续迁出经济社会发展相对滞后的城市地区，匮乏的人力资源始终困扰着这些地区，其发展无法获得实质上的改观，由此得出人口迁出的城市将面临收缩的结论。随着中国工业化进程的深入，环境污染所导致的人口迁移以及产能过剩引发的工作机会减少等一系列问题迫使中国产业结构加速向第三产业倾斜。去工业化是所有资本主义国家在 20 世纪末期都经历的过程，中国很难避免这一产业结构演化的客观规律。遗憾的是面对去工业化，这些资本主义国家大多数都准备不足，经济社会发展进程严重停滞，幸运的是前车之鉴带给中国城镇化建设以理性思考。按照国际工业化城市标准，北京、上海和天津已经基本完成了工业化过程，与之相伴的是雾霾、拥堵、高房价、就业难等城市通病，这是否意味着去工业化已经为期不远？即便是国内尚未完成工业化的城市，地区经济失衡也导致优先发展的工业劳动密集区面临去工业化的问题。

问题Ⅱ：全球化增强了不同国家在世界政治经济版图上对于资源、财富、人才的争夺，扩大了国家或城市的贫富差距，这本身也成为中国不同区域经济社会发展不平衡的另一个原因。但国家之间的竞争本质上就是城市间的较量，尤其是入世以来中国城市规划发展的诸多顶层设计均反映出中国领导层应对全球化挑战的战略举措。全球化促成了或是金融中心或是贸易重镇的世界级城市，这些城市发展的背后体现的是不同国家在世界政治经济版图上谋兵布阵的战略布局，中国领导层也为此采取了核心城市规划战略。正如克劳斯·穆勒所言，伴随着高科技工厂、磁悬浮铁路和 F1 赛场建设而成为地区金融中心的上海，超过 10% 的国外直接投资都集中在这座城市，其惊人的扩建速度使各区域之间的差距愈加明显，而这些差距被全球化的景象所掩盖。[①] 这种全球化的适应性城市发展战略势必强化各类资本向东南沿海聚集，由此带来的结果就是内陆地区贫困落后到处蔓延，这种不均衡不仅表现在欠发达城市，即便发达城市内部的不同区域也均有例证，比如棚户区、城中村等。

问题Ⅲ：中小城镇发展中出现的产业结构单一、生态环境受到破坏、人口外流等问题将使城市收缩成为必然。如果说全球化加速了世界级大城市的形成而缺乏对中小城市的关注，那么中国的中小城市发展历程可以作为全球化背景下城市发展战略思维逻辑的一个注脚。从中共十五届三中全会明确指出的"发展小城镇是带动农村经济和社会发展的一个大战略"到党的十八大报告中强调的"增强中小城市和小城镇产业发展、公共服务、吸纳就业、人口集聚功能"，可见国家对中小城镇的发展建设一直给予高度重视，但是国家行政体制改革、金融秩序整顿、产业政策调整和土地制度的规范压缩了城镇发展的权利、资金、产业和资源空间。[②] 这种政策调整不仅波及中西部城市，其深远影响还蔓延至中国内陆所有地区。由此引发这些中小城镇地区公共基础设施利用率低并大量闲置。从鄂尔多斯到常州新城区、河南鹤壁新区等小县城被称为"鬼城"，"鬼城"曾被用于形容加拿大、澳大利亚等矿业枯竭城市，这不禁引发了政府对土地繁荣的担忧以及对资金链条断裂潜藏的诸多危机的关注。此外，不得不提的就是中国日益增多的资源枯竭城镇，由于产业结构单一、缺乏足够的社会保障、生态环境严重破坏、人口持续外流等负面影响，亟须国家给予重点关注和支持。

问题Ⅳ：城市化的加速带来工业化发展进程中城市非农人口的膨胀，

---

① 〔德〕菲利普·奥斯瓦尔特：《收缩的城市》，胡恒等译，同济大学出版社，2012，第 9 页。
② 吴森、刘莘：《城市化进程中小城镇发展滞后原因探析》，《城市问题》2012 年第 9 期。

由此将推动城市收缩步伐。郊区化引发的城市扩张也无时无刻不牵动着农民阶层生产生活的神经，这也是中国式城市蔓延带来的新问题——农地征用。国家在实施重大工程项目时表现出的"权力之眼"、"权力之口"与"权力之手"同农民的切身利益之间展开政策博弈。[①] 在这样的政策导向下，农民开始因为对某种利益的期待而放弃原始的农业生产活动。笔者生活所在地长春的外围农村普遍存在农民因政府占地的预期而大量栽种果树、扣大棚、盖路边房的现象，而实际上，这些行为本身创造的实际价值要远远小于政府征用土地的预期带来的收益。这种情形绝不会是长春特有的现象，但由此引发的农民生存基础、农村地区安定等一系列问题不得不引起政府的足够关注。

二 中国城市收缩的形成过程

城市的收缩过程具有非计划性或表现为政策、决策的不可预期性。"收缩"并不简简单单是"增长"的对立面，而是城市发展过程中的一个客观阶段，但它往往被以增长为核心的城市发展政策所忽略。城市收缩过程表现在不同方面，可以分为外在物质变化和内在变化两大类（见表 7.2 和图 7.1）。在人口减少这一根本特征下，外在过程表现为：城市的住宅、基础设施、商服设施供过于求，建筑密度降低，住房空置率增高，土地浪费现象严重，这又导致了城市部分地区出现"结构穿孔"和"棕色地带"等问题，城市社会空间出现分裂和隔离（如前文中提到的"白人群飞"现象）。而内在过程表现为：人口选择性地外迁和老龄化改变了家庭结构，本地劳动力供给下降，再加上经济转型、对工商业的服务需求降低导致就业岗位缩减，最终城市税收收益减少，市政预算削减。这时原有的以增长为导向的城市规划不再适用于人口不断减少的城市，城市亟须新的规划来应对收缩的现象。

---

① 王为径、叶敬忠：《"以国之名"：农村征地策略中的国家在场分析》，《南京农业大学学报》（社会科学版）2013 年第 1 期。

表 7.2　城市收缩的过程和具体表现

形式		具体内容
外在物质变化	过程	
	建筑密度降低 城市内部住房移动	人口减少和向外迁移导致居民数量减少，继而导致居住区和商业区建筑密度下降 人们有更多的机会来选择搬到城市更好的地方 空置住房为短暂居住者提供了机会
	城市结构"穿孔"	城市内部拆迁的地方和废弃的功能会使街道和街区的边界"溶解"，绿地隔离并划分了建筑用地 "穿孔"地区的特征是在一个城市内存在高百分比的突围地区
	表现	
	住宅和商业设施空置率提高	需求的降低导致供过于求，住房和商业设施的利用不充分 供给（投资）和真实需求（使用）的不协调，影响城市更新和新建建筑储备
	城市建筑物和基础设施浪费	城市人口和密度的减少导致城市建筑物和基础设施（比如学校、公共交通设施）过剩 大量未被充分使用的基础设施依然需要维持，造成闲置浪费
	无用的城市用地增加	拆迁势在必行 用地包括空置的建筑和原有工业、商业、铁路用地上的城市棕色地带 这些用地可能成为"新的城市荒地"甚至"森林"
内在变化	过程	
	社会人口结构改变 市政预算削减	人口减少和选择地向外迁移导致老龄化，改变家庭结构 人口流失加速地区的税收减少，造成对公款的依赖度提高
	表现	
	当地劳动力市场萎缩 对新的规划方案的需求	就业岗位的减少导致对工业用地和商业用地的需求减少 城市收缩成为城市规划和发展战略制定的重要问题

资料来源：杨振山、孙艺芸《城市收缩现象、过程与问题》，《人文地理》2015 年第 4 期。

三　国际城市收缩对中国的启示

　　从前文分析可以看出，德国、法国、加拿大、日本四个发达国家的城市收缩主要在于去工业化过程中带来的经济政治结构调整、社会转型。单从这点来看，中国由于尚未真正完成工业化进程，因此并未出现总量上的去工业化，但是由于区域发展失衡，许多省份出现了区域性的去工业化现象。[①] 可见，中国并未出现整体的城市收缩现象，但是率先完成工业化的发达城市或地区在一定程度上表现为去工业化带来的城市收缩。而书中提到的全球化、郊区化等其他导致城市收缩的因素在中国能够形成一定的契合

---

　　① 　王秋石等：《中国去工业化现状分析》，《当代财经》2011 年第 12 期。

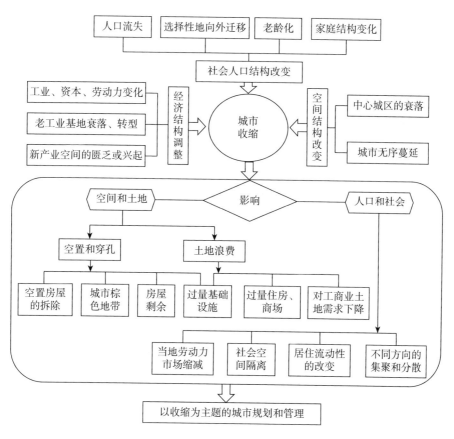

图 7.1　城市收缩的驱动力、过程和影响

并具有共性特征而表现为典型的城市收缩。诚然，如果城市收缩本身所具有的复杂性和多样性一样，那么中国的城市收缩在表现出自身特性的同时也更具一般性。毕竟中国的城市发展规划依然建立在增长模式上而采取顶层设计，这与德国等欧美国家衰退城市早期的发展设想一致——为了增长而规划是在规划者和政策制定者中普遍认可的主导范式。城市规划范式的言辞不加掩饰地倾向于发展、进步、扩张和增长管理。潜在的假设就是所有的城市和小城镇能够实现增长，但是这也是问题产生的所在。无论是对于完成工业化发展的欧美发达资本主义国家，还是经济超高速增长的社会主义国家来说，从增长到停滞乃至衰退是城市发展的客观规律，关键在于能够清醒地认识到增长和衰退是城市变迁这枚硬币的两面，所以对于中国

的城市发展应该注重以下几个方面的问题。

启示一：去工业化是一种经济现象，应当从积极和消极两个方面分别对待去工业化的影响机制，而不是简单地防止去工业化，对于符合产业结构调整需求，以技术、人才、制度等多种良好条件为前提的制造业向服务业转型便是积极的去工业化路径。而不具备产业转型的外在条件的被动去工业化路径将造成城市地区经济发展减缓乃至衰退。所以，政府规划部门应当正确认识城市发展过程中去工业化的客观规律并区分去工业化的类型，变被动为主动、因地制宜地引导不同区域的去工业化路径，这也是对党的十八大城镇化发展方针的深层解析。

启示二：一般认为土地利用是理解城市发展过程的最重要的方面之一。然而，欧洲、北美、日本的收缩城市的研究案例都表明，现有常见的四种不同的研究方法——系统动力学、城市交通连接模型、元胞自动机和个体为本模型，都不能满足收缩城市形成的过程与机理研究，也无法用来建立城市收缩和再增长的反馈机制。较为可行的办法是将废弃的空间有效利用，建设高质量的绿色空间，以提高生活质量并吸引退休人员入住，从而促进收缩城市的更新。

启示三：关于收缩城市的生活改善，收缩城市中的人口缩减往往意味着城市税收的缩减。因此，一般认为，城市收缩可能会造成公共服务和福利水平的下降，但人口下降与生活质量下降并不存在必然联系，相反有些城市在人口收缩的同时提高了社区的生活质量。事实上，由于人口的减少和城市用地压力降低，城市收缩为城市景观规划的改进提供了很好的契机。政府可以利用城市收缩的机会促进城市向环保、和谐和多样化方向发展。

启示四：政府应制定一个中长期发展战略规划，确定在城市建设中必须减少城市边缘的无序发展。一个国家合理的财富结构具有以中产阶层为主体的纺锤形态，这是中国人口财富结构的发展趋势，这势必加速城市蔓延的过程并带来持续的土地繁荣，但要警惕城市中心的衰退，强化老城区的更新改造，谨防欧美国家出现的城市收缩现象。此外，必须考虑老龄化社会和城市形式的问题，中心地区需要复兴并建设老年服务设施，同时也必须减少城市边缘的无序发展。

启示五：如何在工业衰退或人口减少的情况下对城市进行管理，是比如何让城市增长更为严峻的问题。城市收缩的治理往往包括对公共资金的拓展与控制、住宅建设与改造、交通规划的调整、景观与开放空间政治几个方面。常见的应对公共政策可以归纳为抵制性收缩和接受性收缩两种方式。抵制性收缩政策的代表如美国汽车城底特律，随着汽车生产的全球贡献率下降，正在通过部署来重新定位为全球移动技术中心，并围绕这一定位，从教育、住房、基础设施和管理方面提出了具有针对性的发展策略。接受性收缩政策或许对某些城市来说更加理智，如前所述，如果一些城市不可避免地面对人口减少，就应该充分利用人口和土地压力的下降，提高城市的生态和生活质量。与城市增长管理政策不同，应对城市收缩既需要政府的支持，又需要公众的参与，以重新获得发展动力。例如，在英国格拉斯哥的振兴中，中央政府长期支持发挥了关键作用。在美国扬斯敦的振兴中，强调公共参与和政府决策的一致性，以强化政策的执行力度。

启示六：不能一味地发展大都市区，而需要将政府规划及发展重点向中小城镇倾斜。根据经济、文化等不同区位优势，突出商业服务、旅游休闲等中小城镇发展特色。优化县乡级政府行政权力，加强对中小城镇发展的金融支持，完善中小城镇承接城市产业转移功能，提高农民生产活动的后续保障水平。

启示七：国家城市发展与规划部门应采取科学超前的手段和措施，在最大程度上实现城市经济繁荣与农村发展进步的动态平衡。城市的繁荣与衰退非常符合20世纪50年代发展经济学家关于"双重经济"的观点，一方面是生机盎然的城市部分；另一方面是落后不景气的部分农村。中国的二元经济发展已经带来了贫富分化，我们不希望新一轮中国城镇化发展导致"双重城镇"，使其成为两极分化的复制品。中国政府及城市规划部门应首先考虑城市经济的繁荣与发展，发挥核心城市及城市群的带动效应和推动作用；其次对欠发达农村地区应当实施优惠的经济政策，进而实现城市繁荣与农村发展的动态平衡。

启示八：将东北地区确立为全国重点资源型城市转型规划区，从公共服务、招商引资等方面加强资源型城市转型的制度建设与机制对接，在建立一体化公共服务制度的同时完善与其社会经济发展相适应的财政支持增长机制，分类指导不同行业内外部投资的总体方向，建立资源枯竭矿藏的退补机制，依托"一带一路"倡议加强与周边国家基础设施互联互通，充分利用"两个资源，两个市场"的内外优势，提高东北地区的资源保障能力，突破资源型城市发展中出现的产业结构单一、生态环境受到破坏、人口外流等难题。进一步强化东北地区高等教育、健康医疗、综合零售、金融服务、IT 技术和生物科学领域在用人引智方面的制度建设与政策改革，留住东北年轻劳动力和中高端消费者，缓解老龄化对区域经济发展的负面效应。

第八章 主要结论与研究展望

第一节 主要结论

（1）城市规划中增长模式和增长思维长期占据主导地位，城市增长几乎成为所有经济发展研究的前提假设，这也在一定程度上成为只有城市增长理论而没有城市收缩理论或者我们承认城市再发展而不承认非城市化的一个注脚，其潜在的假设就是所有的城市和小城镇都能够实现长期持续增长，但事实并非如此。

（2）从城市收缩问题历史演化逻辑的内在关系来看，无论是前工业化、工业化还是后工业化时代，人类社会生产力与生产关系的矛盾运动导致了城市发展过程中的诸多问题。生产力的快速发展促使人类通过先进的工具、技术等手段拓展并改变城市社会的发展空间。生产关系主要体现在能够适应生产力的发展，满足人类对生存安全、经济利益、政治权衡等追求的需要。生产关系如果无法适应生产力的发展，城市就将面临不同程度的衰退。战争掠夺、城市扩张、产业转型得益于生产力水平的不断提高，而生产关系调整的优劣直接影响城市地区发展的稳定与否，进而影响到人口的流动与迁移。城市收缩问题历史演化的五个逻辑关系根植于不同时期人类文明在经济、政治、社会等方面的深刻变革。

（3）自20世纪70年代以来，大规模的去工业化和经济结构调整以及船坞和传统制造业的急剧衰落严重冲击了利物浦的经济结构与城市社会发展，进而导致人口大量的向外迁移的城市郊区化过程，郊区化也是包括利物浦在内众多发达工业化国家城市收缩的重要原因之一。城市管理者和国家政府对于城市收缩的选择无不是接受收缩的事实，合理有序地规划相应地区的土地使用、住房和公共基础设施，以强力的政策遏制城市收缩，制定城市发展战略以达到人口回归的目标。显然，针对人口持续减少，英国中央政府和地方政府采取了一系列强力的城市更新政策，极力限制城市外围的增长，从而达到减缓内城人口外迁的目的，经过若干年的城市更新实践，利物浦正步入再城市化的发展轨道中。

（4）政治经济体制的深刻变革彻底改变了莱比锡发展的自然路径，也打破了百万人口大都市的远大梦想，同时还导致传统城市功能、城市地位的沦丧。社会主义时期的城市发展实践和后社会主义时期的政治经济转型不但导致人口的自然增长放缓还从根本上动摇了民主德国的工业经济基础，去工业化过程引发了与就业相关的人口持续外流，尤其是莱比锡老工业区往往表现为人口的剧烈减少。城市收缩的深远影响不仅表现在基础设施的闲置、住房的空置、维护成本的增加、市政税收持续减少等方面，经济衰退、郊区化、人口减少和去工业化还表现为相互关联、互为因果的自发演变过程。

（5）莱比锡和利物浦城市再增长的趋势可能仅仅是暂时的，过于依赖外部环境的发展模式令这种再增长的格局非常脆弱。年轻人口内迁是21世纪以来城市人口稳定发展或再增长的原因，但随着内部与外部环境的改变，一旦这种趋势发生转变，其必将成为未来城市收缩的潜在驱动力，因为年轻人口移民效应将被人口老龄化和家庭数量增长停止取代。而且，从某种程度上讲，外来人口的持续迁入是否总能够减缓人口减少的趋势仍然不清晰。总之，两座城市不得不应对城市收缩带给今天城市发展的深远影响，并且时刻准备应对未来收缩的反复。毕竟空置住房问题仍然存在，未被充分利用的基础设施仍然是困扰城市发展的核心难题。从当前来看，政府项目的持续削减以及德国和英国政府补贴的减少将导致城市收缩问题的后续处理更加困难，因此，任何一种城市发展模式都离不开社会背景和地方环境。我们的分析表明两座城市的发展轨迹并没有严格遵循城市生命周期理论对城市发展周期界限的清晰划分，所以从不同城市、不同区域以及城市发展的不同阶段来分析和比较城市从收缩到再城市化的原因和动力及其相互关系是十分必要的。

（6）城市收缩在全世界范围内总体表现为人口的流失，并在不同国家表现为经济、社会、文化等各个方面的衰退。城市收缩对中国而言是一个新的课题，也是一个观察城市化发展的新视角，这种重要性不仅表现在城市化发展的今天，还表现在中国城镇化发展的未来。中国总体上不存在城市收缩问题，但是某些城市区域表现出典型的收缩现象。政府应当以前瞻性视角预见城市增长与衰退是城市发展的客观规律，因势利导，从正反两个方面看待去工业化路径，以强有力的经济政策和鲜活的机制加强对中小城镇的规划发展与金融支持，最大限度地减少城市边缘的无序发展与蔓延将成为中国城镇化建设与科学发展较为现实的选择。

第二节　研究展望

未来的研究方向总体分为以下三个层次。首先，通过本章总结的国际收缩城市形成机制的一般性规律去验证当前仍然处于城市化快速发展时期的国家和地区，进而优化、完善城市收缩形成机制的一般规律并构建科学有效的城市收缩指标体系将是未来重点研究的内容。其次，突破国际城市收缩问题比较研究的传统范式，将中国、日本所在的东亚区域纳入国际城市收缩问题综合研究体系，构建与欧洲、美洲并行的研究范式，完善与修正本书构建的开放式研究框架，这些必然会丰富城市收缩问题的研究内容，提高城市发展问题的研究活力。最后，对底特律等个案城市从繁荣到收缩过程的细致完整考察，对拉美等发展中国家城市收缩现象的研究以及对不同城市收缩的相关国家措施的深度总结与比较都为未来的研究提供了明确的方向。

具体而言，我国对"收缩城市"的研究从近年来才开始，数量上相对较少，关注点多集中于资源型城市。虽然总体上我国还处于城镇化的中期阶段，城市发展还有很大的潜力和空间，但随着人口老龄化和产业结构调整，我国也存在城市收缩的动因。本书引用国际案例对这一问题发出了警告，也为立足于现实和未来发展趋势，确定合理的城镇化道路提供了借鉴。如美国中西部20世纪50年代以来以制造业衰退为特征的"冰雪带"现象与我国20世纪90年代末出现的"东北现象"有很多相似之处。美国扬斯敦城市收缩规划（2010规划）的精明收缩规划策略中的集中增长发展、注重合理城市尺度，建设绿色基础设施、土地银行及公众参与等对我国一些不可避免出现的收缩城市具有参考意义。解决城市收缩这一问题，亟须从以下几个方面展开研究。

1. 鉴别我国城市的不同收缩类型。不同类型的收缩面临的问题是不一样的，目前已有研究指明的是资源枯竭型，对于其他类型还鲜有研究，如老龄化和城市扩张等。正确鉴别收缩类型是采取不同措施的前提。

2. 鉴别我国城市收缩的空间和时间尺度及其影响。在省份及城市内部等不同尺度上鉴别城市收缩，预测城市收缩可能的时间点，以及对地方社会经济和空间发展所产生的影响，以便及时合理地采取应对措施。

3. 科学合理地采取抵制性措施或是接受收缩性措施。理性地具体分析城市是否可以避免人口收缩，从观念上转变，勇敢地面对城市收缩这一问题。

4. 积极地应对城市收缩的过程，采取科学的应对途径，避免链式反应。城市收缩会带来经济、人口、资金管理等许多问题，如何在具体的收缩过程中采取合理的方式，避免链式反应是摆在城市理论和实践面前亟须解决的问题。

5. 采取具体的规划和政策措施，促进城市可持续发展。城市收缩并不都是坏事。欧美发达国家的经验表明，收缩是不可避免的，收缩未必意味着彻底的衰退。在接受性战略中，充分利用人口减少和土地腾退提高城市居住质量。在抵制性战略中，积极探讨新的城镇增长模式，如利用新兴产业和城市环境的改善来充分吸引人口。抵制性或是接受性收缩措施并不相互排斥，可以在不同尺度和不同过程中扮演不同的角色，从而达到在城市收缩过程中，实现可持续发展这一最终目标。

参考文献

中文文献

［1］〔德〕阿尔弗雷德·韦伯：《工业区位论》，李刚剑等译，商务印书馆，1997。

［2］〔德〕奥古斯特·勒施：《经济空间秩序》，王守礼译，商务印书馆，2010。

［3］〔德〕菲利普·奥斯瓦尔特：《收缩的城市》，胡恒等译，同济大学出版社，2012。

［4］〔美〕刘易斯·芒福德：《城市发展史》，宋俊岭等译，中国建筑工业出版社，2003。

［5］〔美〕威廉·格雷德：《资本主义全球化的疯狂逻辑》，张定淮等译，社会科学文献出版社，2003。

［6］〔英〕约翰·伦尼·肖特：《城市秩序：城市、文化与权力导论》，郑娟等译，上海人民出版社，2011。

［7］常跟应：《区位、制度与我国西部工业空间集聚机制研究——以兰州市为例》，《地域研究与开发》2007年第12期。

［8］陈良文、杨开忠：《产业集聚、市场结构与生产率——基于中国省份制造业面板数据的实证研究》，《地理科学》2008年第3期。

［9］陈秀山、徐瑛：《中国制造业空间结构变动及其对区域分工的影响》，《经济研究》2008年第10期。

［10］楚波、梁进社：《基于 OPM 模型的北京制造业区位因子的影响分析》，《地理研究》2007 年第 4 期。

［11］戴永安：《中国建筑业的发展机理及其经济影响》，东北师范大学出版社，2013。

［12］丁成日：《城市空间规划——理论、方法与实践》，高等教育出版社，2007。

［13］杜平：《变与不变：城乡迁移重塑家庭性别秩序》，《中国妇女报》2017 年 4 月 25 日第 12 版。

［14］方远平、闫小培：《服务业区位论：概念、理论及研究框架》，《人文地理》2008 年第 5 期。

［15］费洪平：《企业地理研究综述》，《地理研究》1993 年第 1 期。

［16］高菠阳、刘卫东：《我国彩电制造业空间变化的影响因素》，《地理研究》2008 年第 2 期。

［17］高珮义：《城市化发展学导论》，中国财政经济出版社，2009。

［18］高新才、王科：《中国装备制造业空间集聚的实证研究》，《经济问题》2008 年第 7 期。

［19］何一民：《城市发展周期初探》，《西南民族大学学报》（人文社科版）2006 年第 3 期。

［20］贺灿飞等：《中国制造业省区分布及其影响因素》，《地理研究》2008 年第 3 期。

［21］胡霞、魏作磊：《中国城市服务业发展差异的空间经济计量分析》，《统计研究》2006 年第 9 期。

［22］黄雯、程大中：《我国六省市服务业的区位分布与地区专业化》，《中国软科学》2006 年第 11 期。

［23］江曼琦、张志强：《产业空间集中影响因素探究——基于天津滨海新区制造业 32 个产业的面板数据分析》，《南开经济研究》2008 年第 1 期。

［24］李恒：《制度分割、产业集群与跨国公司区位》，《国际贸易问题》2005 年第 3 期。

[25] 李松志：《基于集群理论的佛山禅城陶瓷产业转移时空演替机理研究》，《人文地理》2009 年第 1 期。

[26] 李伟杰：《我国企业对外直接投资的区位选择——理论综述与实践回顾》，《金融教学与研究》2008 年第 6 期。

[27] 刘春霞等：《基于距离的北京制造业空间集聚》，《地理学报》2006 年第 12 期。

[28] 马国霞等：《中国制造业产业间集聚度及产业间集聚机制》，《管理世界》2007 年第 8 期。

[29] 毛新雅、王桂新：《FDI 区位决策中的产业集聚因素——基于长江三角洲（16 城市）的实证研究》，《财经科学》2005 年第 5 期。

[30] 申玉铭等：《我国服务业发展的基本特征与空间差异研究》，《人文地理》2007 年第 6 期。

[31] 谭崇台：《发展经济学的新发展》，武汉大学出版社，1999。

[32] 王秋石等：《中国去工业化现状分析》，《当代财经》2011 年第 12 期。

[33] 王为径、叶敬忠：《"以国之名"：农村征地策略中的国家在场分析》，《南京农业大学学报》（社会科学版）2013 年第 1 期。

[34] 王宪恩等：《日本工业化进程中经济社会与能源环境协调发展演进趋势分析》，《现代日本经济》2014 年第 6 期。

[35] 王晓峰、马学礼：《老龄化加速期人口因素对日本经济增长的影响——以人口经济的双重拐点为视角》，《现代日本经济》2014 年第 5 期。

[36] 王亚飞、吴潇航：《区域产业集群优势与 FDI 区位选择》，《地域研究与开发》2007 年第 3 期。

[37] 王业强、魏后凯：《产业特征、空间竞争与制造业地理集中——来自中国的经验证据》，《管理世界》2007 年第 4 期。

[38] 王铮等：《高技术产业聚集区形成的区位因子分析》，《地理学报》2005 年第 4 期。

[39] 魏博通、周杰文：《经济一体化、地区专业化与中国制造业的空间分布》，《经济管理》2008 年第 Z1 期。

[40] 吴森、刘莘：《城市化进程中小城镇发展滞后原因探析》，《城市问题》

2012 年第 9 期。

[41] 肖文、林高榜:《产业集聚和外国直接投资区位选择——基于长三角地区经济发展的视角》,《国际贸易问题》2008 年第 7 期。

[42] 徐博、庞德良:《增长与衰退:国际城市收缩问题研究及对中国的启示》,《经济学家》2014 年第 4 期。

[43] 杨振山、孙艺芸:《城市收缩现象、过程与问题》,《人文地理》2015 年第 4 期。

[44] 张诚、赵奇伟:《中国服务业外商直接投资的区位选择因素分析》,《财经研究》2008 年第 12 期。

[45] 张华、贺灿飞:《区位通达性与在京外资企业的区位选择》,《地理研究》2007 年第 5 期。

[46] 张林、刘继生:《信息时代区位论发展的新趋势》,《经济地理》2006 年第 3 期。

[47] 张文忠:《大城市服务业区位理论及其实证研究》,《地理研究》1999 年第 3 期。

[48] 张晓平:《改革开放 30 年中国工业发展与空间布局变化》,《经济地理》2008 年第 6 期。

[49] 郑春:《区位理论:回顾与前瞻》,《经济论坛》2006 年第 15 期。

[50] 周一星:《城市地理学》,商务印书馆,1995。

外文文献

[1] Alagna, M., *The Great Fire of London of 1666* (New York: Rosen Central, 2004).

[2] Andersen, H., "ThorGlobalisation, Spatial Polarization and the Housing Market," *Geografisk Tidsskrift*, *Danish Journal of Geography* 102, 2002, pp. 93 – 102.

[3] Aschauer, D. A., "Does Publie Capital Crowd out Private Capital," *Journal of Monetary Eeonomics* 24, 1989, pp. 171 – 188.

[4] Athreye, A., "The Role of Transnational Corporations in the Evolution of a High-Tech Industry: The Case of India's Software Industry: A Comment," *World Development* 32 (3), 2004, pp. 555 – 560.

[5] Audirac, I., "Urban Shrinkage Amid Fast Metropolitan Growth," in Pallags T. K., ed., *Center for Global Metropolitan Studies* (New York: Berkeley College Press, 2009).

[6] Bass, M., Chen, D., Leonard, J., Leonard, J., Mueller, L., Cheryl, L., McCann, B., Moravec, A., Schilling, J., Snyder, K., "Vacant Properties: The True Costs to Communities," *National Vacant Properties Campaign*, 2005.

[7] Beauregard, R. A., *Voices of Decline: The Postwar Fate of U. S. Cities* (Oxford: Blackwell, 1993).

[8] Beauregard, R. A., "Urban Population Loss in Historical Perspective: United States, 1820 – 2000," *Environment and Planning* 41 (3), 2009, pp. 514 – 528.

[9] Beetz, S., Huning, S., Plieninger, T., "Landscapes of Peripherization in North-Eastern Germany's Countryside: New Challenges for Planning Theory and Practice," *International Planning Studies* 13 (4), 2008, pp. 295 – 310.

[10] Berg, L. van den, Drewett, R., Klaassen, L. H., Rossi, A., Vijverberg, C. H. T., *Urban Europe: A Study of Growth and Decline* (Oxford: Pergamon Press, 1982).

[11] Berkner A., "The Lignite Industry and the Reclamation of Land-developments in the Rhenish, Central German and Lusatian Mining Areas since 1989," in Mayr A., W. Taubmann, eds., *Germany Ten Years after Reunification* (Leipzig: Institut für Länderkunde, 2000).

[12] Bernt, M., "Partnerships for Demolition: The Governance of Urban Renewal in East Germany's Shrinking Cities," *International Journal of Urban and Regional Research* 33 (3), 2009, pp. 754 – 769.

[13] Bessy-Pietri P., "Recensement de la Population 1999: Les Formes de la

Croissance Urbaine," *INSEE Première*, 2000.

[14] Bontje, M., Musterd, S., "Understanding Shrinkage in European Regions," *Built Environment* 38 (2), 2012, pp. 153 – 161.

[15] Bradbury, K. L., Downs, A., Small, K. A., *Urban Decline and the Future of American Cities* (Washington D. C.: Brookings Institution, 1982).

[16] Brandstetter, B., "Umgang mit der Schrumpfenden Stadt-ein Debattenue-Berblick," *Berliner Debatte Initial* 16 (6), 2005, pp. 55 – 68.

[17] Brenner, N., "Urban Governance and the Production of New State Spaces in Western Europe 1960 – 2000," *Review of International Political Economy* 11 (3), 2004, pp. 447 – 488.

[18] Brühart M., Mathys N., "Sectoral Agglomeration Economics in a Panel of European Regions," *University of Lausanne Working Paper* 1, 2007, pp. 1 – 22.

[19] Buhnik, S., "From Shrinking Cities Totoshi No Shokusho: Identifying Patterns of Urban Shrinkage in the Osaka Metropolitan Area," *Berkeley Planning Journal* 23 (1), 2010, pp. 132 – 155.

[20] Burgess E. W., *The Growth of the City: An Introduction to a Research Project* (Chicago: University of Chicago Press, 1925).

[21] Buzar, S., Ogden, P. E., Hall, R., Haase, A., Kabisch, S., Steinführer, A., "Splintering Urban Populations: Emergent Landscapes of Reurbanisation in Four European Cities," *Urban Studies* 44, 2007, pp. 651 – 677.

[22] Chenery, H. B., *The Compare Research on Industrialization and Economic Growth* (Shanghai: People Publishing Company of Shanghai, 2004).

[23] Constantinescu, I. P., "Shrinking Cities in Romania: Former Mining Cities in Valea Jiului," *Built Environment* 38 (2), 2012, pp. 214 – 228.

[24] Couch C., Cocks M., "Work Package 2: Urban Shrinkage in Liverpool, United Kingdom," *Shrink Smart*, 2010.

［25］ Couch C. , Fowles, S. , Karecha, J. , "Reurbanization and Housing Markets in the Central and Inner Urban Areas of Liverpool," *Planning Practice and Research* 24, 2009, pp. 321 – 341.

［26］ Couch, C. , *City of Change and Challenge*: *Urban Planning and Regeneration in Liverpool* (Aldershot: Shgate, 2003).

［27］ Couch, C. , Cocks, M. , "Underrated Localism in Urban Regeneration: The Case of Liverpool, a Shrinking City," *Journal of Urban Regeneration and Renewal* 4, 2010, pp. 279 – 292.

［28］ Couch, C. , Cocks, M. , "Work Package 2: Urban Shrinkage in Liverpool, United Kingdom," *Shrink Smart*, 2010.

［29］ Couch, C. , Karecha, J. , Nuissl, H. , Rink, D. , "Decline and sprawl: An Evolving Type of Urban Development-Observed in Liverpool and Leipzig," *European Planning Studies* 13, 2005, pp. 117 – 136.

［30］ Cunningham-Sabot, E. , Sylvie Fol, S. , "Schrumpfende Städte in Westeuropa: Fallstu-dien aus Frankreich und Grossbritannien," *Berliner Debatte Initial* 18 (1), 2007, pp. 22 – 35.

［31］ Daldrup, E. L. , "Doehler-Behzadi M. Leipzig 2030 – Plus Minus Leipzig-Stadt in Transformation," *Leipzig*: *Verlag Müller & Bussmann KG*, *Wuppertal*, 2004.

［32］ Davies, J. , *Partnerships and Regimes*: *The Ploitics of Urban Regeneeration in the UK* (Aldershot: Ashgate, 2001).

［33］ Dewar, M. , Thomas, J. M. , *The City after Abandonment* (Philadelphia: University of Pennsylvania Press, 2012).

［34］ Dezernat Planung und Bau, *Stadtentwicklungsplan Wohnungsbau und Stadterneuerung* (Leipzig: Stadt Leipzig, 2000).

［35］ Eisinger, Angelus, *Open Citylecture Series* (Eidgenössisch Technische Hochschule, Zürich, Switzerland, 2009).

［36］ Ellison G. , Glaeser E. , "The Geographic Concentration of an Industry: Does Natural Advantage Explain Agglomeration," *American Economic Asso-*

ciation Papers and Proceedings 89, 1999, pp. 311 – 316.

[37] Engels, F. , *The Condition of the Working Class in England* (London: Penguin Classics, 2006).

[38] Finkler, E. , Toner, W. J. , Popper, F. J. , *Urban Nongrowth: City Planning for People* (New York: Praeger, 1976).

[39] Florentin, D. , Sylvie F. , Hélène R. , "La Stadtschrumpfung ou Rétrécissement Urbain en Allemagne: Un Champ de Recherche Emergent," *Cybergéo*, 2009.

[40] Friedman, T. L. , *The Lexus and the Olive Tree* (New York: Anchor Books, 2000).

[41] Gans, P. , Kemper, F. J. , "Ost-West-Wanderungen in Deutschland-Veriust von Humankapital fur die neuen Lander?" *Geographische Rundschau* 55 (6), 2003, pp. 16 – 19.

[42] Geddes P. , *Association O. T. Cities in Evolution* (London: Williams & Norgate London, 1949).

[43] Gilman, S. , Burn, S. , "Dockland Activities: Technology and Change," in Gould W. T. S. , Hodgkiss, A. G. , eds. , *The Resources of Merseyside* (Liverpool: U. P. , 1982).

[44] Glock, B. , "Schrumpfende Städte," *Berliner Debatte Initial* 13 (2), 2002, pp. 3 – 11.

[45] Gordon, C. , *Mapping Decline: St. Louis and the Fate of the American City* (Philadelphia Pa: University of Pennsylvania Press, 2008).

[46] Graham, S. , "Urban Network Architecture and the Structuring of Future Cities," in Thomsen, Henning, eds. , *Future Cities: The Copenhagen Lectures* (Copenhagen: Fonden Realdania, 2002).

[47] Grimm F. D. , "Return to Normal-Leipzig in Search of Its Future Position in Central Europe," *GeoJournal* 36, 1995, pp. 319 – 335.

[48] Grossmann, K. , "Schrumpfung Zwischen Tabu und Thematisierung," *Berliner Debatte Initial* 18 (1), 2007, pp. 14 – 21.

［49］ Grundmann L., Tzschaschel S., Wollkopf M., *Leipzig ein Geographischer Führer Durch Stadt und Umland* (Leipzig: Thom Verlag, 1996).

［50］ Haase, A., Kabisch, S., Steinführer, A., "Reurbanisation of Inner-City Areas in European Cities," in Sagan, I., Smith, D., eds., *Society, Economy, Environment-Towards the Sustainable City* (Gdansk, Poznan: Bogucki Wydawnyctwo Naukowe, 2005).

［51］ Hall, P. G., *Cities in Civilization* (New York: Pantheon Books, 1998).

［52］ Hall, P. G., Pfeiffer U., *Urban Future 21: A Global Agenda for Twenty-First Century Cities* (England: Taylor & Francis, 2000).

［53］ Haller, C., Liebmann, H., "Vom Wohnungsleerstand zum Stadtumbau," *Berliner Debatte Initial* 13 (2), 2002, pp. 34 – 49.

［54］ Harris C. D., Ullman E. L., "The Nature of Cities," *Annals of the American Academy of Political and Social Science* 247, 1945, pp. 7 – 17.

［55］ Herfert, G., Röhl, D., "Leipzig-Region Zwischen Boom und Leerstand," in Brake, K., Dangschat, J. S., Herfert, G., eds., *Suburbanisierung in Deutschland, Aktuelle Tendenzen* (Opladen, Wiesbaden, 2001).

［56］ Hohenberg, P. M., *The Making of Urban Europe: 1000 – 1950* (Cambridge: Harvard University Press, 1985).

［57］ Hollander, J. B., Pallagst, K., Schwarz, T., Popper, F., "Planning Shrinking Cities," *Progress in Planning* 72 (4), 2009, pp. 223 – 232.

［58］ Hoyt, H., *The Structure and Growth of Residential Neighborhoods in American Cities* (Washington D. C.: Federal Housing Administratio, 1939).

［59］ Häussermann H., "From the Socialist to the Capitalist City: Experiences from Germany," *Cities after Socialism*, in Andrusz G., Harloe M., Szelenyi I., eds., *Urban and Regional Change and Conflict in Post-Socialist Societies* (Oxford: Blackwell, 1996).

［60］ Jean, C., Garcia, Z., "Public Participation in Urban Development: The Case of Leipzig, Germany," *Journal of Public Administration and Policy Re-*

search 4 (4), 2012, pp. 75 – 83.

[61] Jessop, B., "Recent Societal and Urban Change: Principles of Periodization and Their Application on the Current Period," in Nielsen, T., Albertsen, N., Hemmersam, P., eds., *Urban Mutations-Periodization*, *Scale and Mobility* (Aarhus: Arkitektskolens Forlag, 2004).

[62] Julien, P., "Recensement de la Population 1999," *Poursuite d'une Urbanisation très Localisée* (INSEE Première, 2000).

[63] Kabisch, S., Steinführer, A., Haase, A., Großmann, K., Peter, A., Maas, A., "Demographic Change and Its Impact on Housing," *Final Report for the EUROCITIES Network*, 2008.

[64] Kim S., "Expansion of Markets and the Geographic Distribution of Economic Activities: The Trends in US Regional Manufacturing Structure 1860 – 1987," *Quarterly Journal of Economics* 110, 1995, pp. 881 – 908.

[65] Kommission Lehmann-Grube, "Wohnungswirtschaftlicher Strukturwandel in den neuen Bundesländern," *BVBW*, 2000.

[66] Krumholz, N., Clavel, P., *Reinventing Cities: Equity Planners Tell Their Stories* (Philadelphia: Temple University Press, 1994).

[67] Kuhlicke, C., Kabisch, S., Krellenberg, K., Steinführer, A., "Urban Vulnerability under Conditions of Global Environmental Change: Conceptual Reflections and Empirical Examples from Growing and Shrinking Cities," in Kabisch S., Kunath A., Schweizer-Ries P., eds., *Vulnerability*, *Risks and Complexity: Impacts of Global Change on Human Habitats* (Göttingen: Hogrefe, 2011).

[68] Kuhnert, N., Ngo, A. L., "Governmentalizing Planning," in Oswalt, Philipp, eds., *Schrumpfende Städte II-Handlungskonzepte* (OstfildernRuit: Hatje Cantz Verlag, 2005).

[69] Lang T., Tenz E., *Von der schrumpfenden Stadt zur Lean City: Prozesse und Auswirkungen der Stadtschrumpfung in Ostdeutschland und deren Bewältigung* (Dortmund: Dortmunder Vertrieb für Bau-und Planungsliteratur,

2003）.

［70］ Lee K. S. , *The Location of Jobs in a Developing Metropolis*：*Patterns of Growth in Bogota and Cali*, *Colombia*（New York：Oxford University Press, 1989）.

［71］ Lutz, W. , Sanderson, W. , Scherbov, S. , "The Coming Acceleration of Global Population Aging," *Nature* 451, 2008, pp. 716 – 719.

［72］ Lötscher, L. , "Shrinking East German Cities?" *Geographica Polonica* 78 （1）, 2005, pp. 79 – 98.

［73］ Lütke-Daldrup, E. , Döhler-Behzadi, M. , *Leipzig 2030*：*Transforming the City*（Wuppertal：Müller and Busmann, 2004）.

［74］ Marcuse, P. , "Gentrification, Abandonment and Displacement：Connections, Causes and Policy Responses in New York City," *Journal of Urban and Contemporary Law* 28, 1985, pp. 195 – 240.

［75］ Martinez-Fernandez, C. , Audirac, I. , Fol, S. , Cunningham-Sabot, E. , "Shrinking Cities：Urban Challenges of Globalization," *International Journal of Urban and Regional Research* 36 （2）, 2012, pp. 213 – 225.

［76］ Matanle, P. , Soto, Y. , "Coming Soon to a City Near You! Learning to Live 'Beyond Growth' in Japan's Shrinking Regions," *Social Science Japan Journal* 13 （2）, 2010, pp. 187 – 210.

［77］ McCormick, D. , "African Enterprise Clusters and Industrialization：Theory and Reality," *World Development Special Issue on Enterprise Clusters* 27 （9）, 1999, pp. 1531 – 1551.

［78］ McGee, T. G. , *The Southeast Asian City*（London：Bell, 1967）.

［79］ McGuinness, D. , Greenhalgh, P. , Davidson, G. , Robinson, F. , Braidford, P. , "Swimming against the Tide：A Study of a Neighbourhood Trying to Rediscover Its 'Reason for Being' -the Case of South Bank, Redcar and Cleveland," *Local Economy* 27 （3）, 2012, pp. 251 – 264.

［80］ Midelfart-Knarvik, Overman Henry G. , Venables Anthony J. , "The Location of European Industry," *European Economic* 142, 2001, pp. 156 – 166.

[81] Molotch, H., "The City as a Growth Machine: Toward a Political Economy of Place," *The American Journal of Sociology* 82 (2), 1976, pp. 309 – 332.

[82] Murden, J., "City of Change and Challenge: Liverpool since 1945," in Belcham, J., ed., *Liverpool 800: Culture, Character and History* (Liverpool: Liverpool University Press, 2006).

[83] Mwansa, P. B., Bollman, R. D., *Community Demographic Trends with Their Context* (Ottawa: Statistics Canada, 2005).

[84] Newman, P., Thornley, A., *Urban Planning in Europe: International Competion, National Systems and Planning Projects* (London: Routledge, 1996).

[85] Nikolaus, W., "Endowments, Market Potential, and Industrial Location: Evidence from Interwar Poland (1918 – 1939)," *CEP Discussion Papers* (LSE dp0609) 6, 2002, pp. 51 – 72.

[86] Nuissl, H., Rink, D., "The 'Production' of Urban Sprawl in Eastern Germany as a Phenomenon of Post-Socialist Transformation," *Cities* 22, 2005, pp. 123 – 134.

[87] Ogden, P. E., Hall, R., "Households, Reurbanisation and the Rise of Living Alone in the Principal French Cities, 1975 – 1990," *Urban Studies* 37, 2000, pp. 367 – 390.

[88] Oswalt, P., Rieniets, T., *Atlas of Shrinking Cities* (Ostfildern, Hatje Cantz, 2006).

[89] Oswalt, P., *Schrumpfende Städte I-Internationale Untersuchung* (Ostfildern-Ruit: Hatje Cantz Verlag, 2004).

[90] Pallagst, K., "Das Ende der Wachstumsmaschine," *Berliner Debatte Initial* 18 (1), 2007, pp. 4 – 13.

[91] Puentes, R., Warren, D., *One-fifth of the Nation: America's First Suburbs* (Washington D. C.: Brookings Institution, 2006).

[92] Redding, S., Venables A., "Economic Geography and International Inequality," *Mimeo LSE* 25, 2000, pp. 56 – 71.

[93] Rieniets, T. , "Shrinking Cities: Causes and Effects of Urban Population Losses in the Twentieth Century," *Nature and Culture* 4 (3), 2009, pp. 231 – 254.

[94] Rink, D. , Haase, A. , Bernt, M. , "Work Package 2: Urban Shrinkage in Leipzig and Halle, the Leipzig-Halle Urban Region, Germany," *Shrink Smart*, 2010.

[95] Rink, D. , Haase, A. , Grossmann, K. , Couch, C. , Cocks, M. , "From Long-Term Shrinkage to Re-Growth? The Urban Development Trajectories of Liverpool and Leipzig," *Built Environment* 38 (2), 2012, pp. 162 – 178.

[96] Rybczynski, W. , Linneman, P. D. , "How to Save Our Shrinking Cities," *Public Interest* 135, 1999, pp. 30 – 44.

[97] Sassen, S. , *The Global City-New York*, *London*, *Tokyo* (Oxford: Princeton University Press, 2001).

[98] Schatz, L. , *What Helps or Hinders the Adoption of "Good Planning" Principles in Shrinking Cities? A Comparison of Recent Planning Exercises in Sudbury*, *Ontario and Youngstown*, *Ohio* (Waterloo: University of Waterloo, 2010).

[99] Short, J. R. , *Housing in Britain: The Postwar Experience* (London: Methuen, 1982).

[100] Shutt, J. , "Lessons from America in the 1990s," in Roberts P. , Sykers, eds. , *Urban Regeneration: A Handbood* (London: SAGE, 2001).

[101] Soja, E. W. , *Postmetropolis-Critical Studies of Cities and Regions* (Oxford: Blackwell Publishers Ltd, 2000).

[102] Stadt Leipzig, "Amt für Statistik und Wahlen Statistischer Quartalsbericht II," *Leipzig*, 2011.

[103] Steinführer, A. , Haase, A. , Kabisch, S. , "Leipzig-Reurbanisierungs Prozesse Zwischen Planung und Realität Das Beispiel Leipzig," in Kühn, M. , Liebmann, H. , eds. , *Regenerierung der Städte Strategien der Politik*

und Planung im Schrumpfungskontext (Wiesbaden: VS Verlag, 2009).

[104] Storper, M. , *The Regional World-Territorial Development in a Global E-conomy* (New York: Guilford, 1997).

[105] Traistaru I. , Martincus, C. V. , "Economic Integration and Manufacturing Concentration Patterns: Evidence from Mercosur," *European Integration Studies* 23, 2003, pp. 156 – 171.

[106] Turok, I. , Mykhnenko, V. , "The Trajectories of European Cities 1960 – 2005," *Cities* 24, 2007, 65 – 182.

[107] Urtasun A. , Gutierrez I. , "Tourism Agglomeration and Its Impact on Social Welfare: An Empirical Approach to the Spanish Case," *Tourism Management* 27, 2006, pp. 901 – 912.

[108] Veltz, P. , "European Cities in the World Economy," in Bagnasco, Arnaldo, Le Galés, Patrick, eds. , *Cities in Contemporary Europe* (Cambridge: Cambridge University Press, 2000).

[109] Wiechmann, T. , Pallagst, K. , "Urban Shrinkage in Germany and the USA: A Comparison of Transformation Patterns and Local Strategies," *International Journal of Urban and Regional Research* 36 (2), 2012, pp. 261 – 280.

[110] Wiechmann, T. , "Conversion Strategies under Uncertainty in Post-Socialist Shrinking Cities: The Example of Dresden in Eastern Germany," *The Future of Shrinking Cities* (Berkeley), 2007.

[111] Wilks-Heeg, S. , "From World City to Pariah City? Liverpool and the Global Economy, 1850 – 2000," in Munck, R. , ed. , *Reinventing the City? Liverpool in Comparative Perspective* (Liverpool: Liverpool University Press, 2003).

图书在版编目（CIP）数据

国际城市收缩问题研究／徐博著. —— 北京：社会
科学文献出版社，2018.8
（东北亚研究丛书）
ISBN 978 - 7 - 5201 - 3322 - 7

Ⅰ.①国…　Ⅱ.①徐…　Ⅲ.①城市经济 - 研究 - 中国
Ⅳ.①F299.2

中国版本图书馆 CIP 数据核字（2018）第 193456 号

东北亚研究丛书
国际城市收缩问题研究

著　　者／徐　博

出 版 人／谢寿光
项目统筹／恽　薇　高　雁
责任编辑／宋淑洁　王春梅

出　　版／社会科学文献出版社·经济与管理分社（010）59367226
　　　　　地址：北京市北三环中路甲 29 号院华龙大厦　邮编：100029
　　　　　网址：www.ssap.com.cn
发　　行／市场营销中心（010）59367081　59367018
印　　装／三河市尚艺印装有限公司

规　　格／开　本：787mm×1092mm　1/16
　　　　　印　张：12.75　字　数：193 千字
版　　次／2018 年 8 月第 1 版　2018 年 8 月第 1 次印刷
书　　号／ISBN 978 - 7 - 5201 - 3322 - 7
定　　价／75.00 元